中国式现代化的
哲学逻辑

韩庆祥 著

长江出版传媒
湖北教育出版社

图书在版编目（CIP）数据

中国式现代化的哲学逻辑 / 韩庆祥著 . — 武汉：
湖北教育出版社，2024.7

ISBN 978-7-5564-6346-6

Ⅰ . ①中…

Ⅱ . ①韩…

Ⅲ . ①现代化建设－研究－中国

Ⅳ . ① D616

中国国家版本馆 CIP 数据核字（2024）第 088259 号

中国式现代化的哲学逻辑
ZHONGGUOSHI XIANDAIHUA DE ZHEXUE LUOJI

出 品 人	方 平	责任校对	李庆华
责任编辑	许 梅	美术编辑	李 枫
版式设计	张 敏	责任督印	刘牧原

出版发行	长江出版传媒	430070	武汉市雄楚大道 268 号
	湖北教育出版社	430070	武汉市雄楚大道 268 号

网　址	http://www.hbedup.com
经　销	新华书店
印　刷	北京文昌阁彩色印刷有限责任公司
地　址	北京市大兴区芦城工业园创业路 3 号
开　本	710mm × 1000mm　1/16
印　张	15.5
字　数	167 千字
版　次	2024 年 7 月第 1 版
印　次	2024 年 7 月第 1 次印刷
书　号	ISBN 978-7-5564-6346-6
定　价	48.00 元

前 言

建构中国式现代化的理论形态

科学的理论之所以具有强大思想伟力，从根本上在于它是对历史发展规律、时代发展趋势、实践发展要求、人民美好愿望的正确反映，反过来它又指引历史、时代、实践的发展。这可以从世界文明中心的转移看出来。

古代，中国曾在很长一段时间内成为世界文明的中心。

近代，由于文艺复兴、启蒙运动、工业革命、科技革命等，世界文明的中心转移到欧洲。由此，就兴起了“欧洲中心主义”，随后“欧洲中心主义”又进一步拓展为“西方中心主义”，产生了“西方中心论”。作为一种理论体系及思潮，“西方中心论”在整个世界产生了广泛而深远的影响。

马克思的伟大之处，就在于他在思想认识上不断清算自己以前的哲学信仰，不断进行自我批判、自我超越、自我完善、自我发展，不断推进理论创新，所以晚年马克思超越了青年马克思关于历史发展道路的思想认识，开始从思想意识上关注并强调历史发展道路的多样性尤其是东方社会历史发展道路的多样性问题。这其中曾经有俄国民粹派维·伊·查苏利奇给马克思写信，向马克思请教，同马克思讨论俄国农村公社能否跨越资本主义“卡夫丁峡谷”而向社会主义过渡问题的事情。那时，马克思给予的谨慎回答是，俄国农村公社如果能充分吸收资本主义发展的一切积极成果，同时又能避免资本主义发展的灾难性后果，就可以不通过资本主义的“卡夫丁峡谷”，而向社会主义过渡。显然，这种过渡是有条件的。但不管怎么说，这表明马克思已经从思想理论上开启了对历史发展道路多样性的思考。

如果说马克思、恩格斯是把社会主义由空想变为科学的话，列宁则是把科学社会主义由理论变成现实。这种现实，就是列宁领导的十月社会主义革命，在世界上建立了第一个社会主义国家和制度。需关注的是，俄国是在一个小农经济占优势的经济文化落后国家建设社会主义。所以，列宁晚期从理论和实践上集中思考的根本问题就是经济文化落后的俄国向社会主义过渡的道路问题。这种思考形成的思想，其聚焦点和根本点，一是列宁对社会主义的整个看法根本上改变了；二是列宁认为一切民族都将走向社会主义，这是不可避免的，但是一切民族的走法却不会完全一样。显然，是列宁开启了对社会主义社会历史发展道路多样性的实践，开始走出了“使农村从属于城市……使未开化和半开化的国家从属于文明的国家，使农民的民族从属于资产阶级的民族，使东方从属于西方”的框架。要言之，社会历史发展道路多样性的实践真正发端于列宁，它在思想理论上为中国“走自己的路”提供了“俄国样本”。

现代化运动是西方开启的，它把整个世界卷入其中，也对中国产生强烈冲击，实现现代化是世界各国共同的命运追求。1840 年以后，中国开启了一波一波被动防御性的回应：洋务运动从器物层面进行回应，戊戌变法从局部改革政治制度层面进行回应，辛亥革命从推翻封建君主专制制度层面进行回应，五四运动从文化革故鼎新层面进行回应。这四次回应不仅是被动防御性的，而且一定意义上受“西方中心论”影响，没有真正走出“自己的路”。

十月革命一声炮响，给中国送来了马克思列宁主义。马克思列宁主义同中国工人运动相结合，1921年诞生了中国共产党。这是中国历史乃至世界历史上的一个伟大事件。中国共产党诞生后，我们一改过去被动防御性的回应为积极主动应对，从选择马克思列宁主义作为指导思想、选择中国共产党作为领导力量、选择正确中国道路作为解决中国问题的必由之路等三个方面，开始掌握在中国建设现代化的历史主动。

之后，我们党确定了“走自己的路”，推进了现代化道路问题上的“自主性成长”；改革开放以后，我们党赋予“走自己的路”以时代内涵，从“走自己的路”中开创出“中国特色社会主义道路”，推进了现代化道路问题上的“内涵式成长”；中国特色社会主义进入新时代，我们党进一步把中国特色社会主义道路置于大历史观、大历史场景中进行思考，在与西方现代化的比较和竞跑中，又走出了“中国式现代化新道路”，进一步彰显了“中国特色社会主义道路”的世界历史意义，进一步推进了现代化道路问题上的“世界性成长”；之后，我们党又进一步从“中国式现代化新道路”中成功推进和拓展出“中国式现代化”，赋予“中国式现代化新道路”以更为宽广、更为深远的意义，进而推进了现代化道路问题上的“理论性成长”。

如果说“走自己的路”“中国特色社会主义道路”相对注重“中国国情”，那么，在新时代中国特色社会主义发展历史已经影响世界的历史场景下，“中国式现代化新道路”更加凸显新时代中国式现代化道路之“新”及其世界意义。

中国式现代化新道路，属于“现代化”道路，具有“原体规定”，同样遵循“现代化”发展的一般规律。这一规律可分两个层面：一是从现代化一般要素来讲，在从农业社会向工业社会转变的历史进程中必然注重工业化，在工业化进程中必然注重市场经济和科学技术，市场经济和科学技术发展在解放和发展社会生产力的同时，内在注重政治领域的民主法治、文化领域的自由平等和社会领域的公平正义。这是注重现代化各要素环环相扣、相互促进的规律。二是从现代化历史发展进程来讲，在现代化“起飞”的初期阶段，必须注重激活经济社会发展的动力，没有动力何谈起飞；在现代化进一步深入“稳定”发展阶段，在激活经济社会发展动力的同时，必须相对注重保持经济社会发展的平衡，发展失衡是要“翻车”的；当经济社会发展动能不足、失衡失稳时，治理是关键，治理滞后难以使动力和平衡达到统一。

中国式现代化新道路，属于当代“中国式”的道路，具有“空间规定”。所谓当代“中国式”的道路，在政治上体现为坚持中国共产党领导；在经济上体现为坚持社会主义市场经济体制，走共同富裕道路；在文化上体现为坚持以人民为中心；在社会上体现为坚持公平正义，推动社会全面进步和人的全面发展；在生态上体现为坚持人与自然和谐共生。

中国式现代化新道路是从中国历史发展进程中走出来的，具有中国历史发展进程的“过程规定”，它蕴含着中国共产党人在历史发展进程中立足历史方位不断与时俱进地探索和开创中国道路而积累起来的首要“基本经验”，这就是中国道路既要符合中国国情，也要坚持社会主义。

中国式现代化新道路之“新”也具有“关系规定”，它既是在与西方式现代化道路相区别意义上说的，也是对我国改革开放之初中国式现代化道路与时俱进的坚持和发展而言的。它新在相对于西方式现代化道路的“中国式”；新在相对于改革开放之初注重解放和发展社会生产力，更致力于以国家治理现代化实现强起来，推进物质文明、政治文明、精神文明、社会文明、生态文明协调发展；新在“历史成为世界历史”的场景中，这一道路具有全新的世界意义。这一点易被人们忽视，一定意义上也确实被忽视了。

把“现代化”发展一般规律、“中国式”、“基本经验”和“新”四者结合起来并取其精髓，可以揭示中国式现代化新道路的丰富内涵：在人口规模巨大、超过现有发达国家人口总和的发展中国家搞现代化，坚持社会主义且符合中国国情；坚持不断与时俱进且具有开放性、创造性；坚持中国共产党领导；坚持以人民为中心，注重解放和发展社会生产力，逐步实现全体人民共同富裕，不断促进人的全面发展，致力于实现强起来；坚持物质文明、政治文明、精神文明、社会文明、生态文明协调发展，注重人与自然和谐共生；坚持动力、平衡、治理有机统一；坚持生命至上、美好生活、高质生产、保护生态相统一；坚持走和平发展道路，推动构建人类命运共同体。上述内涵作为一个有机整体，高度凝练、纲举目张、秉要执本。

由此可得到两点启示：一是中国式现代化新道路拓展了发展中国家走向现代化的途径，为那些既希望加快发展而又希望保持自身独立性的国家和民族提供了全新选择，改变了长期以来西方式现代化模式占主导地位并垄断话语权的格局，打破了“全球化＝西方化，西方化＝现代化，现代化＝市场化”的思维定式和“美丽神话”；二是中国式现代化新道路注重运用市场和资本，但不被市场和资本所统治，它更强调以人民为中心，为人类对更好社会制度的探索提供了中国智慧。

中国式现代化新道路和人类文明新形态是相互贯通、交互作用、合二为一的关系。中国式现代化新道路是在对中华民族五千多年悠久文明的传承中走出来的，具有中华传统文化的基因，它注重的“以人民为中心”“构建人类命运共同体”，所蕴含的“整体协调”“多元包容”等理念，便是如此。

我们所说的人类文明新形态是在中国式现代化新道路基础上创造和内生出来的。它超越了西方式现代性文明形态，但又不仅仅局限于中国式现代化文明形态，而是从中国式现代化新道路上开辟出来的，同时也是人类文明中符合时代发展趋势、具有光明前景、正确引领时代潮流的一种新的文明形态。

从历史来看，中国式现代化新道路传承了中华传统文化中以民为本、世界大同的理念，同时又对其进行创造性转化和创新性发展，把以民为本转化为以人民为中心，把世界大同转化为积极推动构建人类命运共同体。以人民为中心、坚持人民至上，超越了西方式现代化道路中资本至上的所谓“资本主导”逻辑；构建人类命运共同体坚持“主主平等”的哲学思维，主张兼济天下、协和万邦、美美与共的和谐世界的逻辑，超越了西方式“主客二分”的哲学思维与“西方中心论”所生长出的“国强必霸”逻辑。

从现实来看，这种人类文明新形态是从中国式现代化新道路中开辟出来的。文明的发展状态如何，取决于“道路”状况如何。在我国改革开放之初，中国特色社会主义道路致力于解放和发展社会生产力，注重物质文明建设。随着改革开放的不断深化，中国特色社会主义道路进一步注重物质文明和精神文明协调发展，进而注重物质文明、精神文明、政治文明协调发展，再进一步注重物质文明、政治文明、精神文明、社会文明协调发展。党的十八大以后，随着全面深化改革的开启，新时代中国特色社会主义道路即中国式现代化新道路，就更加明确注重物质文明、政治文明、精神文明、社会文明、生态文明协调发展。当今，我们所讲的物质文明，在人与物的关系上，是让全体人民共享物质文明成果与注重人的全面发展；所讲的政治文明，在党与人民的关系上，是“代表最广大人民的根本利益”“把人民对美好生活的向往作为奋斗目标”；所讲的精神文明，在精神本体上，强调勇于奋斗精神；所讲的社会文明，在人与人的关系上，注重人与人和谐相处；所讲的生态文明，在人与自然的关系上，注重人与自然和谐共生。总之，基于中国式现代化新道路，我们创造性地铸就了一种整体性文明，创新发展和丰富完善了人类文明。

从理论来看，“文明”从来都是与“道路”紧密相关的。中国式现代化新道路蕴含人类文明新形态的因素，能内在生长出人类文明新形态。在历史方位上，中国式现代化新道路强调与时俱进，具有开放性、创新性，它创造的不是西方式的唯我独尊，而是向未来开放、向世界开放，积极吸收人类一切优秀文明成果并不断创新发展的文明。在奋斗目标上，中国式现代化新道路注重解放和发展社会生产力，逐步实现全体人民共同富裕，不断促进人的全面发展，它创造的不是以资为本，而是以人民为中心的文明。在总体方略上，中国式现代化新道路注重贯彻新发展理念，统筹推进“五位一体”总体布局，协调推进“四个全面”战略布局，具有领域的边界性，更具有整体性、系统性，它创造的不是单向度发展，而是注重物质文明、政治文明、精神文明、社会文明、生态文明各自高质量发展与它们之间全面发展、协调发展、和谐发展的文明。在推动力量上，中国式现代化新道路注重发挥并整合中国共产党集中统一领导力量、市场配置力量和人民主体力量，具有坚持全国一盘棋、调动各方积极因素、集中力量办大事的特质和优势，它创造的不是特意强调资本的力量，而是注重世界人民共商共建共享并汇聚磅礴合力的文明。在领导力量上，中国式现代化新道路坚持中国共产党领导，中国共产党是具有人类视野和世界担当的政党，注重解放全人类，为世界谋大同，积极构建人类命运共同体，注重世界和平发展、合作共赢，具有道义性和普惠性，它不谋某种特殊集团的利益，而是谋世界大同和世界人民的利益。在世界观上，中国式现代化新道路强调以多样和辩证统一的观念观察世界，既强调世界多样、道路多样、文明多样，具有多样性，也注重共同性，它创造的是反对“西方中心论”、霸权主义、单边主义，主张国家平等、文明互鉴、包容发展、互利普惠的文明。

由此可以看出，中国式现代化新道路立足当代中国与人类社会，内在具有“人类性”，蕴含着一种人类文明新形态。这种文明形态不仅积极应对世界百年未有之大变局及其带来的不稳定不确定，致力于解决当今世界经济增长动能不足、发展失衡、治理滞后三大难题，而且在世界动荡变革期，它积极倡导和平、发展、公平、正义、民主、自由的全人类共同价值。这种文明形态遵循规律性，强调共同性，倡导普惠性，坚持多样性，注重协调性，突出共建性，因而是当今世界人类文明中符合时代发展趋势、具有光明前景、正确引领时代潮流的一种新的文明形态。

中国式现代化，不仅打破了“自古华山一条道”的那种对西方现代化、“西方中心论”的迷思，开创出“条条大路通罗马”的新的现代化景观，改变着世界现代化的版图、结构，而且为人类实现现代化提供新的选择，还使科学社会主义理论和实践由西方走向东方，并在21世纪的中国焕发强大生机活力，使中国特色社会主义走向世界，彰显其世界意义。概言之，基于中国现代化实践的生成，中国式现代化发展出了一条由“世界失我”到“世界有我”再到“世界向我”的历史演进逻辑，使新时代的中国走出了“东方从属于西方”的框架，破解了“古今中西之争”，确立并巩固了中国的文化主体性、思想主体性，也使我们真正明确一个道理哲理：一切道路、理论、制度、文化之争，归根到底是某种思想“主体性”之争。

拿破仑曾经说过，世界上有两种力量，即利剑和思想，从长远而论，利剑总是败在思想手下。又说，中国是一只沉睡的雄狮，当沉睡的狮子再次醒来时，就会震撼整个世界。这两句话具有内在关联。对中华民族而言，思想理论力量是至关重要的，说沉睡的中华民族这只雄狮的醒来，主要是说其在思想理论上的觉醒。人与动物的本质区别，首要在于人的类特性，即自由的自觉的活动；其次在于人是一切社会关系的总和。人与人之间在格局、境界等方面的差异，就在于处于不同社会关系中所形成的不同思想观念。自由的自觉的活动不同于自发的活动，它是直接受思想观念支配的。动物只看到它眼前所能看到的周围的世界，而人类却能思考远远超出他眼前世界的更为宽广的世界，能通过符号构建一个思想文化世界，能理解和把握这样的世界，人类是靠其思想超越且高于动物的。凡是与人的自由的自觉的活动有关的人化世界，都与人的思想观念有关，人的思想力量是巨大的。

在新时代，针对“西方中心论”，社会科学工作者的当务之急是构建中国式现代化的理论形态，把它看作解构“西方中心论”的一把思想的利剑。这正是当今我国意识形态建设与思想理论建设的根本问题、前沿问题和焦点问题。

目 录

第三章
中国式现代化开创人类文明新形态

第四章
在“两个结合”中建设中华民族现代文明

第一章

中国式现代化的理论体系和话语体系

党的十八大以来，我们党在理论和实践上的一个重大创新突破，就是成功推进和拓展了中国式现代化。针对并为破解“西方中心论”的理论体系和话语体系[①]，当今特别需要立足于中国式现代化，从“历史方位”“根本问题”“哲学根基”“分析方法”“核心理念”“体系主干”“体系枝干”“原创贡献”等方面，建构中国式现代化的理论体系和话语体系。基于大历史观分析框架，可以着重从哲学上探究“中国式现代化及其理论体系和话语体系究竟是如何成功创造和建构起来的”这一重大问题。

一、现代化运动与中国的回应

现代化运动和潮流是自西方启蒙运动，尤其是西方工业革命开启的。工业革命、市场经济、资本逻辑、政治民主等是西方开启现代化运动的标志性符号。马克思、恩格斯的《德意志意识

① 所谓“西方中心论”的理论体系和话语体系，总体上是围绕“线性道路”“单数文明”“民族优越”“天赋人权”“社会进化”“理性尺度”“开化使命”“美丽神话”“唯一哲学”等建构起来的。

形态》《共产党宣言》等著作，揭示了西方现代化运动和潮流开启的内在机理。《德意志意识形态》主要揭示、分析和阐述了生产力、资本、世界市场、普遍交往（世界交往）所开辟的世界历史，使地域性历史转变为世界历史。《共产党宣言》主要揭示、分析和阐述了生产工具、大工业、世界市场、世界交往“创造出一个世界”[①]，一个具有“统一性”的世界。埃里克·沃尔夫认为：我们中间许多人甚至开始认为西方世界拥有一个系谱，就像古希腊孕育了古罗马；古罗马孕育了基督教欧洲；基督教欧洲孕育了文艺复兴、启蒙运动以及随之出现的政治民主和工业革命。而工业夹杂着民主，反过来催生了象征生命、自由与追逐幸福权利的美国。西方开启的现代化运动和潮流极大推动了生产力发展和人类文明发展，促进地方历史、民族历史转变为世界历史。马克思、恩格斯指出：“资产阶级在它的不到一百年的阶级统治中所创造的生产力，比过去一切世代创造的全部生产力还要多，还要大。”[②]弗洛姆认为：近一百年来，西方世界创造了巨大的物质财富，这是人类历史上任何一个社会都没有获得过的。然而，在西方现代化发展历程中，却逐渐出现无产阶级和资产阶级的对立、先发现代化国家和后发现代化国家的对立，导致人和自然的疏离、人和社会的疏离、人和人的疏离、人的身心疏离。西方现代化演进的逻辑，是从启蒙现代性、经典现代性，经资本现代性批判和反思现代性，最后走向后现代主义。

“现代性”的共同点是具有强烈的历史意识和时间意识。

① 《马克思恩格斯选集》第一卷，人民出版社 2012 年版，第 404 页。
② 《马克思恩格斯选集》第一卷，人民出版社 2012 年版，第 405 页。

“启蒙现代性”呈现在启蒙运动历史时期，诞生于资本主义工业化初期，其根基是人的主体性、理性和个人自由，其核心是理性逻辑。它以人的主体性反对“神性”，以理性反对蒙昧，以个人自由反对宗教禁锢，在摆脱“神性”并培育“人的独立性”上发挥了历史进步作用。启蒙现代性在高扬理性主义的同时，也使理性走向膨胀，使经验理性超验化，使有限理性无限化，使属人理性实体化。

“经典现代性”呈现于资本主义工业化时期，是对 18 世纪工业革命以来西方国家现代化进程，即传统社会向现代社会转型的理论阐释，18 世纪法国启蒙运动是其体现。它扬弃启蒙现代性的理性和自由，立足现代工业文明阐释现代性。经典现代性以理性人为起点，以合理性为目标（具有语言、认识和行为能力的人获得和使用知识，获取物质财富），它使理性日益工具化、世俗化和物化，成为工具理性和世俗理性。线性历史观、物质主义至上的单向度发展观、自由主义和工具理性是其鲜明标识，理性逻辑和物化逻辑是其内核。经典现代性强调现代化模式的唯一性和普遍性，认为后发国家实现现代化须遵循它所设定的现代化模式。这就为“特殊”披上“普遍”的外衣，蕴含“西方中心论”的基因。

马克思从资本批判和理性批判展开“资本现代性批判”。资本批判主要是对资本占有劳动并具有控制社会权力的资本逻辑的批判；理性批判主要是遏制理性主义膨胀，矫正工具理性和科技理性。马克思所处的资本主义社会及其现代性基础，是资本扩张的逻辑。资本是处在特定社会关系中的物，具有独立性和个性，是统治社会的力量，成为资本主义社会的“最后本体”“终极实在”“最高主宰”，具有万物归一的“最高统一性”和“终极解释性”，把整个社会和人都卷入其主导逻辑之中，受资本“同一性”和“总体性”控制。资本具有投资、经营、扩张、统治、寄生的本性，具有增殖、掠夺、操纵、功利和恶的基因，这种本性和基因内生出的线性历史观、单向度发展观、理性主义和自由主义，是为资本主导逻辑辩护的，同时也作为资本形而上学，与注重“同一性”的理性形而上学“结盟”，是理性形而上学的“一”在资本主义社会的集中体现。马克思毕生的使命就是从根本上瓦解资本逻辑、颠覆理性形而上学，实现社会主义和人在思想、现实中的双重解放。它的实质就是对经典现代性的批判和超越，由资本逻辑走向人本逻辑。

“反思现代性”则注重对经典现代性及其负效应的反思、批判和修正，实质是重建西方现代社会新的现代性。“后现代主义”产生于后工业社会，从哲学上关切信息社会的现代性问题，注重对以理性为基础的现代性的全面颠覆。后现代主义走向经典现代性的反题即多元逻辑，其哲学标志就是从整体上终结理性形而上学，颠覆机械决定论世界观，构建新的哲学范式及其逻辑，即否定理性、超验性、一元性、统一性、整体性、线性、精确性、普遍性、连续性、决定论、可控性、均衡性、永恒性和宏大叙事，注重感性、经验性、多元性、独特性、个体性、多线性、不确定性、差异性、断裂性、非决定论、批判精神、非均衡性、突变性和微观叙事。概言之，它告别启蒙运动关于人性解放、唯心主义关于精神目的论、历史主义关于意义阐释的神话，告别注重主体、本质和中心的世界观，坚持注重感性、多元论和非决定论的世界观，本质上是对“不确定时代”的概括，一定意义上开始动摇“西方中心论”的哲学根基。

现代化运动作为一种世界潮流，把各国卷入其中，追求现代化成为世界各国面临的共同命运，中国亦不例外。“它使未开化和半开化的国家从属于文明的国家，使农民的民族从属于资产阶级的民族，使东方从属于西方。”[①]西方一些现代化理论以“传统—现代”为解释框架看待先发现代化国家和后发现代化国家之间的关系，强调在实现现代化问题上，后发国家必须依附于先发国家，其中蕴含着“西方中心论”的逻辑。西方现代化潮流对清朝末年的中国产生强烈冲击，也加速了晚清的没落。面对冲击，中国开始了一次次具有被动防御性的回应。

第一次回应是洋务运动，主要是“器物”层面对西方现代化的回应。当时西方的洋枪洋炮打开了中国大门，以曾国藩、李鸿章、左宗棠、张之洞等为主要代表的洋务派，强调引进西方的武器装备，学习西方的科学技术，兴办洋务，办军事工业和民用企业。与之相应，其理论主张强调“中学为体，西学为用”。洋务运动在性质上是晚清统治阶级内部部分官僚为了挽救封建统治，从武器装备和科学技术等器物层面向西方学习的自救自强的改革运动。它的历史进步意义在于冲破封建主义封闭保守的狭隘眼界，打破重农轻商的历史传统，一定程度上促进了近代中国生产力的发展，也促进了国防的近代化，使中国人初步具有了现代化

① 《马克思恩格斯选集》第一卷，人民出版社 2012 年版，第 405 页。

意识。它的消极影响在于为帝国主义、官僚资本主义、封建主义的勾结提供了条件。这也是导致国家蒙辱、人民蒙难、文明蒙尘的根本原因之一。它表明：晚清官僚集团承担不了中国实现现代化的历史重任。

第二次回应是戊戌变法，主要是“制度”层面对西方现代化的回应，以康有为、梁启超、谭嗣同等为主要代表。戊戌变法在性质上是资产阶级改良派的爱国救亡的政治运动，其目的是用资本主义的政治、经济、社会、文化、教育等制度来改变封建的官僚体制、自给自足的自然经济等，从制度层面推进中国现代化。它的积极作用在于推动晚清政府的自我改革，推动一部分知识分子由维新向革命转化，使其成为革命党人，推动辛亥革命的到来，也从制度上推动中国现代化。它的消极作用在于不敢否定封建专制，对帝国主义抱有幻想。百日维新最终以失败而告终，其根本原因在于资产阶级的软弱性和封建专制守旧势力的顽固性。这表明：在半殖民地半封建的旧中国，没有代表无产阶级和人民群众的强有力的先进政治组织，没有广大人民群众支持，仅依靠资产阶级自上而下的改良来实现现代化，是行不通的。

第三次回应是辛亥革命。在中国近代历史上，孙中山率先喊出了“振兴中华”的口号，这一口号被称为“中华民族复兴的第一声”。1911 年，以孙中山为代表的革命党人发动了震惊世界的辛亥革命，推翻了腐朽、堕落的清朝政府，这是为实现民族独立、人民解放而进行的一次伟大而艰辛的探索。辛亥革命创立了中国近代史上第一个资产阶级共和国，推动了中国早期现代化的进程。辛亥革命为资本主义经济发展争取了短暂的“黄金时期”，南京临时政府设立实业部、经济部，颁布有利于民族振兴的政策和措施，极大地促进了民族资本主义的发展。辛亥革命使中国的政体由封建君主制转向民主共和制，促进了人民民主意识高涨，推进了中国早期政治现代化。虽然辛亥革命所探索的资本主义现代化道路最终以失败而告终，但为之后中国共产党走出一条与之相区别的社会主义现代化道路提供了历史教训，积累了历史经验。

第四次回应是五四新文化运动，主要是文化层面对西方现代化的回应，主要代表人物有陈独秀、李大钊、蔡元培、胡适等。新文化运动高举民主与科学旗帜，推动思想文化革新。五四运动是一场以青年学生为主，广大群众、市民、工商人士等阶层共同参与的反对帝国主义、封建主义的爱国运动。五四新文化运动的目的就是向西方学习科学和民主，推翻帝国主义、封建主义统治。它的积极意义是为马克思主义在中国的传播创造条件，为推进中国现代化提供了思想文化基础。它的消极影响是隔断了中华文化传统。五四前后，中国思想文化界在如何应对西方现代化冲击问题上争论较为激烈。归结起来，主要有五种路线和观点：完全接纳西方化、现代化；完全拒绝西方化、现代化；可以西方化但不能现代化；接受现代化但不能西方化；在现代化进程中，起飞阶段可以吸收西方文化中的许多因素，在现代化加速发展阶段，西方化的比率要下降，本土文化应获得复兴和伸张。五四新文化运动表明：解决中国现代化问题，最为关键的，一是必须有正确的科学思想引领，二是必须有强有力的领导组织力量。

第五次回应是中国共产党诞生及其对道路的探寻。这种回应在文化层面，积极主动推进马克思主义中国化，把马克思列宁主义基本原理同中国具体实际相结合，具有先进思想引领；在领导组织层面，把马克思列宁主义同中国工人运动相结合，由此产生了中国共产党这一先进的组织领导力量；在道路层面，建立起马克思主义中国化同“中国道路”的本质联系，从根本上积极探寻解决中国问题的中国道路。探索中国现代化道路的重任，历史地落在中国共产党身上。马克思主义中国化时代化历史进程，马克思主义基本原理同中国具体实际相结合、同中华优秀传统文化相结合，最为实质的就是中国共产党从根本上找到一条能解决中国问题的现代化道路。道路探寻是贯穿马克思主义中国化时代化的一条根本主线。毛泽东指出：“应该把马列主义的基本原理同中国社会主义革命和建设的具体实际结合起来，探索在我们国家里建设社会主义的道路了。”[①] 中国共产党诞生，对中国实现现代化具有开天辟地的历史转折意义，一改过去中国对西方现代化潮流冲击的被动防御性回应为积极主动性应对，从指导思想、领导力量、中国道路三个根本方面掌握了历史主动，使中国不断开辟实现社会主义现代化进而实现中华民族伟大复兴的正确道路，从根本上改变了中国人民的前途命运，逐步展示了马克思主义的强大生命力。“无论搞革命、搞建设、搞改革，道路问题都是最根本的问题。”[②] 这一时期我国对现代化道路的探索和实践所形成的最大成果，就凝练为“走自己的路”。这表明中国共产党在中国实

① 中共中央文献研究室编：《毛泽东年谱（1949—1976）》第二卷，中央文献出版社 2013 年版，第 550 页。
② 中共中央文献研究室编：《习近平关于实现中华民族伟大复兴的中国梦论述摘编》，中央文献出版社 2013 年版，第 28 页。

现现代化问题上开始掌握历史主动。

在社会主义革命和建设时期，我们党确立了社会主义基本制度，为现代化建设奠定根本政治前提和宝贵经验、理论准备、物质基础。同时，为解决中国经济落后问题，周恩来明确提出实现“四个现代化”；毛泽东提出以苏为鉴、独立自主地探索适合中国国情的社会主义现代化建设道路。这是中国共产党执政以后治理国家，对中国实现现代化第一次作出较为全面的战略性思考和主动性谋划，影响深远。

作为中国共产党百年奋斗一个历史分期的改革开放和社会主义现代化建设新时期，其主线就是全面建设社会主义现代化。中国共产党主动继承和发展、推进和拓展了“四个现代化”，为追赶世界现代化潮流，建立起了社会主义与现代化的本质联系，积极主动致力于全面实现社会主义现代化，并把中国特色社会主义作为实现社会主义现代化的必由之路，鲜明地把实现社会主义现代化作为中国特色社会主义的总任务之一，为中国式现代化提供了充满活力的体制保证和快速发展的物质条件。这一时期，西方现代化理论包括狭义现代化理论（20 世纪 50 至 60 年代兴盛于美国的现代化理论）和广义现代化理论（基于西方工业化和民主化进程，研究因资本主义发展而在欧洲兴起的现代化运动和潮流）对我国产生了影响，其中的“冷战思维”“文明开化使命论”“西方优越论”具有意识形态因素。对此，我们党主动提出要防止西方意识形态渗透。这一时期，对社会主义现代化道路的探索和实践所形成的最大成果，就凝练为中国特色社会主义道路。

中国特色社会主义进入新时代，具有划时代意义的全面深化改革的总目标之一，就是积极主动“推进国家治理体系和治理能力现代化”。如果说改革开放之初建设社会主义现代化主要是解放和发展社会生产力的话，那么中国特色社会主义进入新时代所推进的全面深化改革，则主要是坚持和完善中国特色社会主义制度、推进国家治理体系和治理能力现代化。其中提出的中国特色社会主义制度和国家治理，涉及的都是中国特色社会主义的“根”和“本”，是建设社会主义现代化的“根”和“本”，是全面性的、根本性的，具有“治本”性，其实践意义就是以制度更好地治理国家，解决我国经济社会发展的动力机制和平衡机制问题。因而，这实质上是从“治本”意义上主动提出国家治理现代化。从“四个现代化”，经“社会主义现代化”，再到“国家治理体系和治理能力现代化”，反映和体现的是我国不断实现现代化的历史演进逻辑。总结这一历程可以看出，中国共产党掌握了中国实现社会主义现代化的根本和主动，那就是党的坚强领导、先进思想引领、选择正确道路和以制度优势治理好国家。

二、从“走自己的路”到“中国式现代化”

在新中国成立以来的历史演进中，中国共产党逐步成功推进和拓展了中国式现代化。习近平总书记指出：“在新中国成立特别是改革开放以来长期探索和实践基础上，经过十八大以来在理论和实践上的创新突破，我们党成功推进和拓展了中国式现代化。”[①]这实质上讲的就是中国式现代化的生成逻辑和创造建构逻辑。我们党究竟是如何通过创造性突破成功推进和拓展中国式现代化的？

党的重要文献先后提出“走自己的路”“中国特色社会主义道路”“创造了中国式现代化新道路”“中国式现代化”四个重要概念或论断。对这四个重要概念或论断的关系，我国理论界还缺乏全面深入探讨。从哲学上讲，这四大重要概念或论断是沿着历史逻辑、理论逻辑、实践逻辑“出场”的，是历史逻辑上步步递进提升、理论逻辑和实践逻辑上不断推进和拓展的关系。

最早提出的是“走自己的路”。“走自己的路”之关键词是“自己的”。这一论断虽简洁，但具有三大实质意义：一是从“破”上力求破除对西方现代化道路和传统“苏联模式”的路径依赖，为开启走“自己的”路提供前提；二是从“立”上确立中国实现现代化“道路”问题上的“中国自主性”，为走“自己的”路提供自主性基础；三是从“走”上达到认识自觉，即无论“破”还是“立”，都意味着脚下的路坎坷曲折，需要具备守正创新的科学态度和勇毅前行的精神状态。显然，这是一种前提性、基础性的突破，着重体现了中国实现现代化的自主性，没有这种自主性，中国式现代化便无从谈起。

之后提出的“中国特色社会主义道路”是“走自己的路”在

① 《习近平著作选读》第一卷，人民出版社 2023 年版，第 18 页。

改革开放和社会主义现代化建设新时期的具体体现。它源于“走自己的路”，同时又有推进和拓展，赋予“走自己的路”以新的具体内涵：一是把“自己的”转换为“中国特色社会主义”。我们既走的是“中国特色”之路，要适合改革开放和社会主义现代化建设新时期的国情，又走的是“社会主义”道路。二是确定了“中国特色社会主义道路”的基本内涵。这就是“四个坚持”：坚持以经济建设为中心，坚持四项基本原则，坚持改革开放，坚持独立自主。换一种表述方式，就是坚持以“一个中心、两个基本点”为核心内容的党的基本路线，坚持独立自主。其中，最值得从学理上关注的，就是“基本路线”和“独立自主”。这意味着坚持党的基本路线一百年不动摇，又表达“自主性成长”的意义。三是从基本内涵中提炼出本质内涵，就是“坚持中国共产党领导”“坚持人民至上”和“坚持社会主义市场经济体制”的基本经济制度。党的基本路线中有坚持四项基本原则。坚持四项基本原则中有“坚持中国共产党的领导”，中国共产党领导是中国特色社会主义最本质的特征，是中国特色社会主义制度的最大优势；也有“坚持社会主义道路”，社会主义道路本质上就是创造人民美好生活、为中国人民谋幸福之路，这是“坚持人民至上”的体现。党的基本路线中也有坚持以经济建设为中心，坚持改革开放，它们都与构建高水平社会主义市场经济体制本质相关。四是坚持中国特色社会主义道路，既要坚定不移又要守正创新。坚定不移，就是坚持道不变、志不改；守正创新，就是既不走封闭僵化的老路（创新），也不走改旗易帜的邪路（守正）。确立中国特色社会主义道路意义重大，它是党和人民在“走自己的路”

问题上，历经千辛万苦、付出巨大代价取得的根本成就，在坚持自主性的同时，又赋予、拓展了中国实现现代化的内涵。由“自主性”到“内涵”，就是一种创造性生成、推进和拓展。

其后提出的“中国式现代化新道路”是从对中国特色社会主义道路的推进和拓展角度讲的，它源于并进一步推进和拓展了中国特色社会主义道路。“源于”是说中国特色社会主义道路本质上就是实现社会主义现代化的道路，中国式现代化新道路就是从中国特色社会主义道路中“走”出来的，中国特色社会主义道路是来源和基础。“进一步推进和拓展”表明以下意义：

“中国式”是从“中国特色”创造性地转换、提升出来的。笔者曾讲过，“中国特色”表达的是蕴含中华文化，体现中国国情，具有中国特点；“中国式”则把这种中华文化、中国国情、中国特点提升为一种中国范式，它是相对于西方现代化范式而言的。这是一种更为规范的表述，表达的是世界现代化的一种类型，因而具有类型学意义；它可以与西方现代化处在同一主题上进行平等对话，因而具有对话传播意义；它表明在世界现代化进程中“有我”的存在及其世界意义，能增强我们在现代化问题上的自信。

“现代化”是从“社会主义”转换、凝练出来的。西方曾经质疑中国特色社会主义是“国家资本主义”“权贵资本主义”等，否认中国特色社会主义与现代化的本质联系。针对这种质疑，我们申明并澄清，中国特色社会主义在本质上就是实现社会主义现代化的根本道路。既然如此，就可直接使用“中国式现代化”这一话语，并建立起中国式现代化与社会主义现代化的本质联系。中国式现代化首要是社会主义现代化，从应然性来讲，它超越西方资本主义现代化，因为它既要克服西方资本主义现代化的历史弊端，又要注重减少改革开放之初我国社会主义现代化建设所付出的代价的影响。显然，"现代化"既是更为明确地把中国特色社会主义道路确定为实现社会主义现代化道路，也是为了突出现代化。

今天又提出"中国式现代化"。这进一步推进和拓展了中国式现代化新道路，既体现在它跳出了仅从道路来谈中国式现代化，而拓展为从更为广阔的道路、理论、制度、文化等层面和维度来理解和把握中国式现代化；又体现在它把新中国成立特别是改革开放尤其是党的十八大以来中国实现现代化的实践经验上升到理论建构，初步形成了中国式现代化的新的理论体系和话语体系；也体现在我国由过去在现代化问题上的"话语依赖"走向今天的"话语自主"，掌握了中国实现现代化问题上的话语权。这有助于中国实现现代化的理论建构。

在中国实现现代化的实践历程中，我们从走自己的路的"自主性成长"，经中国特色社会主义道路的"内涵式成长"，到中国式现代化新道路的"世界性成长"，再到中国式现代化的初步"理论性成长"，这一连串的创造性推进和拓展集中体现为中国式现代化的成功创造和建构。

三、中国式现代化之“中国式”

中国式现代化是中国共产党领导的社会主义现代化，也是实现中华民族伟大复兴的光明之路。中国式现代化是在中国特色社会主义进入新时代的历史背景下，我国为探索一条适合中国国情的发展道路，以实现更高质量、更有效率、更加公平、更可持续的发展而成功推进和拓展的具有中国特色、符合时代发展潮流的现代化道路。

中国式现代化不是简单模仿西方国家的发展模式，而是根据中国自身的实际情况进行的理论创新和实践创新。中国式现代化具有自主性、人民性、协调性、可持续性等鲜明特征，开创了人类文明新形态。

中国式现代化从静态上有各国现代化的共同特征、各国现代化的共同要素，又从动态上遵循世界各国现代化发展的一般规律。这是中国式现代化所具有的共性，是统一性。同时，中国式现代化之“中国式”，体现在具有特殊性、个性。它具有三层含义：一是中国式现代化受“中国元素”影响，体现“中国元素”，即中国的历史传统、文化传统与中国国情、具体条件；二是中国式现代化属于“中国创造”，它是中国共产党领导下创造的社会主义现代化；三是中国式现代化彰显“中国范式”“中国样本”“中国类型”，具有类型学和典型样本的意义。

（一）中国式现代化体现“中国元素”

这里的“中国元素”，主要指中国的历史传统、文化传统与中国国情、具体条件。中国历史是一部奋斗史，很多历史传说、寓言故事、历史事件，传递的都是中华儿女奋斗的故事，燧人取火、大禹治水、愚公移山、夸父逐日、后羿射日、精卫填海等，体现的都是中华民族精神与中国人敢抗争、不怕输、不屈服的气概。

中国共产党的历史更是百年奋斗的历史，是一部咬定目标、迎难而上、越挫越勇、越险越进、勇毅前行、踔厉奋发、久久为功的历史。体现在中国式现代化上，就是积极推动 14 亿多人口整体迈进现代化社会，充分发挥亿万人民的创造伟力的历史。

中华文化源远流长，中华文明亘古不息。中华优秀传统文化一直注重天下为公、民为邦本、为政以德、革故鼎新、自强不息、厚德载物、讲信修睦、亲仁善邻，强调和而不同、协和万邦、兼济天下；中华文明具有连续性、创新性、统一性、包容性、和平性。

中国式现代化是人口规模巨大、全体人民共同富裕、物质文明和精神文明相协调、人与自然和谐共生、走和平发展道路的现代化。中国特色社会主义进入新时代，中国国情、中国具体条件主要体现在，要解决的社会主要矛盾，是人民日益增长的美好生活需要和不平衡不充分的发展之间的矛盾，这意味着要解决我国发展起来以后使大国成为强国即实现强起来的问题，解决大而不强、富而不强、即强未强的问题，解决人民生活“美好不美好”、国家和民族“强不强”的问题。

中国国情、中国具体条件还体现在强国建设、民族复兴以及和平发展、合作共赢、丰富人民精神世界、增强人民精神力量的统一，这就必然使中国式现代化注重全体人民共同富裕，注重物质文明和精神文明相协调，注重走和平发展道路。

（二）中国式现代化属于“中国创造”

中国式现代化是在中国共产党领导下创造出的社会主义现代化。中国式现代化是在实践中创造出来的，是在中国共产党领导下“走”出来的。这种创造是通过以下几个环节逐步实现的。

一是强调“走自己的路”，摆脱对西方现代化道路的依赖，确立走自己的路问题上的独立性、自主性和主体性，这是中国式现代化的“自主性成长”。

二是赋予走自己的路以“中国”内涵和“社会主义”内涵，即坚定不移走中国特色社会主义道路，这是中国式现代化的“内涵式成长”。

三是从中国特色社会主义道路中提炼概括出“中国式现代化新道路”及其世界意义，强调中国特色社会主义道路本质上就是实现社会主义现代化的道路，而且这种道路在世界现代化道路中是一种具有超越性和先进性的新的道路类型，它不同于并超越了西方现代化道路，其中最主要的是，它是中国共产党领导的社会主义现代化道路，是坚持人民至上、坚持以人民为中心的现代化道路，是注重全要素、全方位、全面发展或各方面协调发展的现代化道路，是注重和合包容普惠的现代化道路，是“主主平等”的现代化道路，这是中国式现代化的“世界性成长”。

四是将中国式现代化新道路进一步拓展和提升为“中国式现代化”，致力于建构中国式现代化的理论体系和话语体系，这是中国式现代化的“理论性成长”或“话语性成长”。

（三）中国式现代化彰显“中国范式”“中国样本”“中国类型”

中国式现代化具有类型学和典型样本的意义。世界或人类实现现代化可以有多种类型、范式，中国式现代化是其中一种最具影响力、最具光明前途的类型、范式，它把中国式现代化提升为世界现代化或人类实现现代化的一种新的范式、新的类型；它不同于西方那种以资本逻辑为主导的现代化，它因坚持“主主平等普惠文明”“人本文明”“民本文明”，而成为一种具有独特性、鲜明特质和标识性的现代化类型和范式，它实现了对曾经影响世界的西方现代化的超越。

总之，中国式现代化坚持统一性和多样性相统一的辩证法，多样性中有统一性，统一性中有多样性。

四、中国式现代化理论体系和话语体系的建构

在探索和实践基础上创造突破和成功推进的中国式现代化，

需要进一步作出理论上的阐述和论证，从总体上建构起中国式现代化的理论体系和话语体系。这正是党的二十大报告的一个重大贡献：从创新突破、使命任务、性质方向、共同特征、中国特色、本质要求、重大原则等方面，总体上初步建构起中国式现代化新的理论体系和话语体系。

（一）创新突破：这是中国式现代化的生成逻辑，主要回答中国式现代化就形成而言“由何而来”的问题

新中国成立特别是改革开放以来的长期探索和实践，是党成功推进和拓展中国式现代化的基础，这就保持了中国式现代化同“长期探索和实践”的历史连续性，但它还不是中国式现代化“主体本身”。党的十八大以来我们在理论和实践上的“创新突破”，就聚焦和提升为成功推进和拓展了中国式现代化，这就阐明了中国式现代化“主体本身”同“长期探索和实践”的关系，表明了“质的创新突破”或飞跃。换言之，以质的创新性突破且成功推进和拓展中国式现代化“主体本身”的历史起点，是“新时代”。新中国成立特别是改革开放以来的长期探索和实践，主要是为这种质的创新性突破且成功推进和拓展中国式现代化“主体本身”提供基础。党的二十大报告对中国式现代化的系列重要论述，都是对接新时代这一历史方位，“新时代”创造性且具有质上突破性的成果，就是成功推进和拓展了中国式现代化“主体本身”，其目标是全面建成社会主义现代化强国和实现中华民族伟大复兴。

新时代以来，中国式现代化在已有基础上继续前进，不断实现理论和实践上的创新突破。集中体现在以下几个方面。

实现整体转型升级。这是创新突破、成功建构中国式现代化的第一个鲜明标识。中国要实现的现代化，是人口规模巨大的现代化，是全体人民共同富裕的现代化，是物质文明和精神文明相协调的现代化，是人与自然和谐共生的现代化，是走和平发展道路的现代化。中国式现代化的“中国特色”即本质特征都是逻辑对接“新时代”的，主要是从“新时代”强国建设所推进和拓展的现代化来讲的，直接目标指向全面建成社会主义现代化强国和实现中华民族伟大复兴。这对改革开放之初所讲的“中国式的现代化道路”来说，是一种整体转型升级。

从“现代化在中国”走向“中国式现代化在世界”。它彰显了“世界有我”乃至“世界向我”的存在，这是创新突破、成功建构中国式现代化的第二个鲜明标识。起初，我们的中国特色社会主义道路相对侧重于国内实现社会主义现代化、实现中华民族伟大复兴，中国特色社会主义是实现中华民族伟大复兴的必由之路；随着中国特色社会主义进入新时代，中国式现代化也注重为发展中国家走向现代化提供新的途径，为人类实现现代化提供新的选择，为解决人类问题贡献中国智慧和中国方案。

从实践经验到重大论断再到理论建构。这是创新突破、成功建构中国式现代化的第三个鲜明标识。党的十九届六中全会通过的《中共中央关于党的百年奋斗重大成就和历史经验的决议》提出“中国式现代化”概念，但对其理论内涵未展开系统阐述。党的二十大报告第一次对中国式现代化作出了系统的理论阐述并初步建构起中国式现代化的理论体系和话语体系。

（二）使命任务：这是中国式现代化的目标逻辑，主要回答中国式现代化就目标而言“要干什么”的问题

“中国共产党的中心任务就是团结带领全国各族人民全面建成社会主义现代化强国、实现第二个百年奋斗目标，以中国式现代化全面推进中华民族伟大复兴。”[①] 把“以中国式现代化全面推进中华民族伟大复兴”作为党的中心任务，意味着中国式现代化是全面推进中华民族伟大复兴的正确之路。这是我们在长期探索和实践中得出的至关紧要的规律性认识。“规律性”意味着中国式现代化与实现中华民族伟大复兴具有因果上的内在本质联系，体现的是社会主义建设规律。我们无论搞革命、搞建设、搞改革，道路问题都是最根本的问题，是第一位的问题。为解决这个最根本的问题，我们党积极推进马克思主义中国化时代化，把马克思主义基本原理同中国具体实际相结合、同中华优秀传统文化相结合，找到了中国实现现代化的正确道路。历史和实践表明：我们能够创造出人类历史上前无古人的发展成就，走出了一条正确道路是根本原因。把中国式现代化同全面推进中华民族伟大复兴在本质上联系起来，意味着中国式现代化蕴含使大国成为强国的“强国逻辑”。

① 《习近平著作选读》第一卷，人民出版社 2023 年版，第 18 页。

（三）性质方向：这是中国式现代化的政治逻辑，主要回答中国式现代化就政治而言“由谁领导、具何性质”的问题

中国式现代化，是中国共产党领导的社会主义现代化。习近平总书记指出：“党的领导直接关系中国式现代化的根本方向、前途命运、最终成败。”① 党的领导决定中国式现代化的根本性质，只有毫不动摇坚持党的领导，中国式现代化才能前景光明、繁荣兴盛。这实质上谈的是中国式现代化的性质方向和政治基础。从毛泽东所讲的“中国工业化”，到周恩来所讲的“四个现代化”，经邓小平所讲的“中国式的现代化”，再到习近平总书记所讲的“推进国家治理体系和治理能力现代化”“中国式现代化新道路”，都是在中国共产党领导下不断探索和实践所取得的重要成果，不仅都坚持中国共产党领导，而且坚持社会主义方向。“中国式现代化”同样坚持中国共产党领导，坚持社会主义方向，党的二十大报告所讲的中国式现代化的“中国特色”“本质要求”“重大原则”等，首要的都是基于这一性质方向和政治基础来确定的，离开这一点，其他都无从谈起。

（四）共同特征：这是中国式现代化的“统一性”逻辑，主要回答中国式现代化就现代化而言“是什么”的问题

中国式现代化有各国现代化的共同特征。就是说，中国要走

① 习近平：《中国式现代化是中国共产党领导的社会主义现代化》，《求是》2023 年第 11 期。

向现代化，与世界各国现代化一样，从静态讲都蕴含现代化的一般要素，从动态讲都要遵循现代化一般规律。这是中国式现代化融入并影响人类实现现代化进程的前提。正如列宁所说："个别一定与一般相联而存在"，"任何个别（不论怎样）都是一般"。[①]

（五）中国特色：这是中国式现代化的"多样性"逻辑，主要回答中国式现代化就中国式而言"是什么"的问题

"一般只能在个别中存在，只能通过个别而存在"，"任何个别都不能完全地包括在一般之中"。[②] 中国要走向现代化，更要符合本国实际，具有本国特点。五大"中国特色"深刻揭示了中国式现代化的科学内涵，揭示了中国式现代化的本和源、根和魂。从学理上，可以从五大基础深化对其本质特征的理解。

政治基础是中国共产党领导的社会主义现代化。中国共产党领导的社会主义现代化，内在要求它应是全体人民共同富裕的现代化，是物质文明和精神文明相协调的现代化，是人与自然和谐共生的现代化，是走和平发展道路的现代化。

现实基础是人口规模巨大。正因为人口规模巨大，所以必须实现全体人民共同富裕，使物质文明和精神文明相协调，促进人与自然和谐共生，走和平发展道路，否则，如果出现两极分化、物质主义膨胀的单向度发展、掠夺和破坏自然资源，对 14 亿多

① 《列宁选集》第二卷，人民出版社 2012 年版，第 558 页。
② 《列宁选集》第二卷，人民出版社 2012 年版，第 558 页。

中国人民来说将是灾难。

哲学基础是“主主平等”。西方现代化以两极分化、单向度发展、掠夺自然资源和殖民主义扩张为本质特征，其哲学基础是“主统治客”，它把资本家当作“主”，把工人当作“客”，正如弗洛姆指出的，资本主义制度中的一切经济活动都围绕利润而旋转，这种“以利润为取向的社会”和“重占有的生存方式”，本质上使人的劳动能力成了抽象的金钱活动；把人类当作“主”，把自然当作征服和掠夺对象的“客”；把西方世界当作“主”，把非西方世界当作“客”，它使“东方从属于西方”。中国式现代化的哲学基础是“主主平等”，强调全体人民在实现共同富裕、物质文明和精神文明齐头并进上，以及在人与自然的关系、世界各国之间的关系上的平等普惠。中国式现代化能够为人类实现现代化提供具有光明前景的新的选择。

理论基础是新发展理念。贯彻新发展理念是新时代我国发展壮大的必由之路，这是我们在长期实践中得出的至关紧要的规律性认识。贯彻新发展理念对中国式现代化提出了本质要求：协调发展要求物质文明和精神文明相协调；绿色发展要求人与自然和谐共生；开放发展中我们必须走和平发展道路，所追求的目标就是世界和平发展、合作共赢；共享发展要求实现全体人民共同富裕；创新发展可以破解人口规模巨大的现代化难题。人口规模巨大是中国实现现代化的起点，体现的是一种国情和条件，其特点是人口多、起点低、难度大，其艰巨性、复杂性前所未有，发展途径和推进方式的独特性前所未有，唯有创新，方是出路。

时代基础是“强国时代”。我们是在新时代的时代背景下提出中国式现代化及其本质特征的，其目标追求及实质就是全面建成社会主义现代化强国，为人类实现现代化提供新的选择。其中蕴含的就是使我国发展壮大或使大国成为强国即实现“强起来”的“强国逻辑”。

（六）本质要求：这是中国式现代化的实践逻辑，主要回答中国式现代化就实践而言的“目标愿景”问题

习近平总书记指出：“中国式现代化的本质要求是：坚持中国共产党领导，坚持中国特色社会主义，实现高质量发展，发展全过程人民民主，丰富人民精神世界，实现全体人民共同富裕，促进人与自然和谐共生，推动构建人类命运共同体，创造人类文明新形态。”[①] 要理解和把握其背后的道理学理哲理，笔者认为现在应更加强调，可以从以下三方面入手。

“本质要求”何意？本质特征和本质要求既区别又联系，二者都是“本质性”的，这是共同点，但“本质特征”属于对中国式现代化的本质规定，是中国式现代化之所以成其为中国式现代化（得以存在）的本质性根据，离开其根据，中国式现代化就不再是中国式现代化了，它属于“属性”范畴；“本质要求”则是“本质规定”在实践推进中需要实现或落实的目标要求（实践愿景），属于“实践”“实现”范畴。

九大“本质要求”体现的是什么逻辑？它们是按照“总体—五位一体—共同体”的逻辑思路来讲的：坚持中国共产党领导，

① 《习近平著作选读》第一卷，人民出版社 2023 年版，第 20 页。

坚持中国特色社会主义，属于“总体”，管全局、管根本、管引领；实现高质量发展，发展全过程人民民主，丰富人民精神世界，实现全体人民共同富裕，促进人与自然和谐共生，属于“五位一体”，是分别从经济、政治、文化、社会、生态五大领域来讲的；推动构建人类命运共同体，创造人类文明新形态，属于“共同体”，注重“共同”。

把创造人类文明新形态放在最后位置意味着什么？实现高质量发展，发展全过程人民民主，丰富人民精神世界，实现全体人民共同富裕，促进人与自然和谐共生，推动构建人类命运共同体，是中国共产党领导的中国特色社会主义所创造的人类文明新形态“新”之所在，一定意义上可以看作创造人类文明新形态的基本内涵。坚持中国共产党领导，坚持中国特色社会主义，实现高质量发展，发展全过程人民民主，丰富人民精神世界，实现全体人民共同富裕，促进人与自然和谐共生，推动构建人类命运共同体，既区别于西方文明形态，也为人类文明发展展现了光明前景。

（七）重大原则：这是中国式现代化的保障逻辑，主要回答中国式现代化就遵循和方略而言的“怎样干”问题

推进中国式现代化，是一项前无古人的开创性事业，必然会遇到各种可以预料和难以预料的风险挑战、艰难险阻甚至惊涛骇浪。因此，在以中国式现代化全面推进中华民族伟大复兴的新征程中，必须增强忧患意识，坚持底线思维，牢牢把握“五个重大

原则”，即坚持和加强党的全面领导，坚持中国特色社会主义道路，坚持以人民为中心的发展思想，坚持深化改革开放，坚持发扬斗争精神。[①] 这里，人们从学理上关注的问题是：

何谓“重大原则”？“重大原则”也属于“实践”“实现”范畴，旨在为以中国式现代化全面推进中华民族伟大复兴与全面建设社会主义现代化国家提供根本遵循和总体方略。

“五个重大原则”具有怎样的逻辑结构？它们分别回答在谁领导下，依靠谁又为了谁，需要采取何种路径方略，“动力之源”何来，应以什么样的“精神状态”应对前进道路上的重大考验和风险挑战。因而，它聚焦解决的是以中国式现代化全面推进中华民族伟大复兴与全面建设社会主义现代化国家前进道路上的领导主体、目标追求、路径方略、动力之源和精神状态问题。

“五个重大原则”的目的及其实质是什么？它既是以中国式现代化全面推进中华民族伟大复兴与全面建设社会主义现代化国家的根本遵循和总体方略，也是应对前进道路上重大考验和风险挑战的“根本保障”和“定海神针”，它们分别提供领导保证、力量保证、道路保证、动力保证和精神保证。

综上所述，可以从中提炼概括出中国式现代化理论体系的总体框架：历史方位是“强国时代”；根本问题是“如何全面建成社会主义现代化强国”；哲学根基是“主主平等”；分析方法（解释框架）是“坚持统一性和多样性统一”；核心理念是“坚持人民至上”；体系主干是“为中国人民谋幸福、为中华民族谋

① 参见《习近平著作选读》第一卷，人民出版社 2023 年版，第 22—23 页。

复兴、为世界谋大同、为中国共产党人谋强大、为马克思主义谋生机”；体系枝干是“本质要求、重大原则和重大关系”；原创贡献是“自主创造中国式现代化道路、创造人类文明新形态、构建人类命运共同体，为创新发展21世纪马克思主义奠定基石”。

五、作为一种学术分析框架的“中国道路”

从马克思主义哲学角度研究中国共产党的发展历程及其所取得的历史性成就，研究“中国革命”“中国建设”“中国改革”等中国问题，第一位的就是“中国道路”问题。道路问题是关系党的事业兴衰成败第一位的问题，道路就是党的生命，道路决定命运。如果从哲学层面研析中国道路，不仅能发现它具有相当宽阔的学术研究空间，而且能发现中国道路对阐释中国奇迹、中国理论、中国制度、中国文化、中国方案、中国话语、意识形态、中华文明等，具有本源意义，它是一种学术分析框架。

（一）用中国道路解释中国奇迹

新中国成立以来，中国共产党领导人民创造了世所罕见的“两大奇迹”——经济快速发展奇迹和社会长期稳定奇迹。这“两大奇迹”，一个在经济领域，体现为快速发展；一个在社会领域，体现为长期稳定。

“中国奇迹”已引起世人关注，且不少学者试图对其作出各自解释。西方不少学者往往用“西方标准”“西方理论”“西方范式”解释中国奇迹，认为中国实行的是“国家资本主义”“权贵资本主义”。这种解释在世界上影响较大。一些国家的学者在谈论中国奇迹及其原因时，大都认为中国实行的是“国家资本主义”。这就涉及解释中国奇迹的话语权问题。不能让解释中国奇迹的话语权掌握在西方学者手中，更不能用“西方标准”“西方理论”“西方范式”来解释中国奇迹。中国学者应掌握解释中国奇迹的话语权。

问题的关键是如何抓住根本，使解释具有彻底性。在笔者看来，是中国道路创造了中国奇迹，因而要用中国道路解释中国奇迹。这里所讲的中国道路是中国特色社会主义道路。

中国道路的核心要义可概括为：坚持中国共产党领导；立足历史方位并与时俱进；把解放和发展社会生产力、实现全体人民共同富裕和不断促进人的全面发展作为实现国家富强、民族振兴、人民幸福战略目标的根本支柱；把统筹推进“五位一体”总体布局、贯彻落实新发展理念、协调推进“四个全面”战略布局作为总体方略；注重党的领导力量、市场配置力量和人民主体力量的合力。可从这五个方面对中国奇迹作出本源性解释。

坚持中国共产党领导就能创造中国奇迹。自从中国共产党登上中国历史舞台，中国就发生了翻天覆地的变化。没有中国共产党就没有新中国，没有中国共产党就没有改革开放，没有中国共产党就没有中国奇迹。从总体来讲，在中国道路的本质内涵中，坚持中国共产党领导具有总体性地位和核心性作用。中国共产党的指导思想具有引领力，它有助于引领各种社会意识，统一人们的思想，使其达至共识，进而使人们全力以赴朝着正确的方向前进；中国共产党的奋斗目标具有感召力，用奋斗目标凝聚人民力量，从而形成一个有机整体，使其具有无坚不摧的力量；中国共产党组织资源具有动员力，坚持全国一盘棋，能调动各方积极性，从而集中力量解难题、办大事；中国共产党能一张蓝图绘到底，具有战略定力，且以钉钉子的精神来实现美好蓝图；中国共产党与时俱进、开放包容，具有开拓创新力，它能迎难而上，越挫越勇，攻坚克难；中国共产党勇于自我革命，具有净化力，能解决自身存在的突出问题。这些都有助于创造中国奇迹。

确定历史方位且与时俱进就会创造中国奇迹。能对中国历史方位作出准确判断，能找准历史坐标，使我们党时刻保持清醒，能对中国发展阶段、本质特征、实践要求作出科学研判，能制定正确的路线方针政策，做出正确的事，这可以避免保守、冒进。明确历史方位，就能找准主要矛盾和根本问题，进而确立工作重点，能把握社会主要矛盾和事物特殊矛盾，把握事物存在和发展的特点，能把握历史发展规律，与时俱进地紧跟时代步伐，这也有助于创造中国奇迹。

明确战略目标就会创造中国奇迹。清晰的战略目标不仅具有强大动力作用，能明确人们前进的方向，激发人们的主体性和能动性，使其自觉主动去战胜各种艰难险阻；而且具有强大聚力作用，能凝聚人们的最大共识，使人们心往一处想，劲往一处使。

有效的总体方略有助于创造中国奇迹。实现战略目标，正确的路径和方法是关键。只有战略目标，没有行之有效的路径和方法，实现战略目标就是一句空话。战略谋划得好，会取得事半功倍的效果。正确的总体方略能使我们发挥发展优势、补齐发展短板、打牢发展支点，进而能实现重点突破和快速发展，实现全面发展和协调发展，从而使发展具有坚实基础。

整合推动力量必然使中国发生奇迹。推动当代中国发展的主要有党的领导力量、市场配置力量和人民主体力量。这三种力量相互贯通、相互作用，构成一个有机整体并形成合力，必然形成一种既强大又平衡的力量，从而使中国发展取得惊人奇迹。

（二）用中国理论阐释中国道路

中国道路不仅创造了中国奇迹，而且也是产生中国理论的实践基础。由此，我们有理由用这一理论对中国道路作学理阐释。

中国特色社会主义道路蕴含三种根本机制：动力机制、平衡机制和治理机制。动力机制，是一个社会赖以运动、发展、变化并呈现活力的推动力量，以及由此发挥作用的机理和方式；平衡机制，是一个社会的各个构成要素之间通过协调，以保持平衡、和谐、有序运行的机理和方式；治理机制，是针对发展动力不足、发展失衡而运用各种行之有效的手段和方法进行调整、规制和完善的机制。

基于中国道路可以构建中国理论。其理论精髓主要体现在三个方面：一是在动力机制上，它强调中国特色社会主义的根本任务是解放和发展社会生产力，因而要注重创新发展，致力于解决发展不充分的问题；二是在平衡机制上，它把促进公平正义、增进人民福祉作为中国特色社会主义建设的出发点和落脚点，注重协调发展和共享发展，致力于解决发展不平衡的问题；三是在治理机制上，它注重全面深化改革，坚持和完善中国特色社会主义制度，推进国家治理体系和治理能力现代化，把制度优势更好地转化为国家治理效能，既为发展注入创新动力和活力，又促进社会和谐稳定。

因此，可以用动力机制、平衡机制和治理机制“三机制理论”来阐释中国道路的精髓。

（三）道路和制度要彼此理解

党的十九届四中全会的主题，是坚持和完善中国特色社会主义制度、推进国家治理体系和治理能力现代化；核心讲的是我国国家制度和国家治理体系的显著优势与国家治理效能，是蕴含着“中国之治”的中国制度。

中国制度与中国道路是什么关系？中国制度是中国道路中的制度维度，是在中国道路开创、拓展和发展进程中积累的实践经验之制度化，是基于中国道路之上且关于道路的性质、道路的目标、道路目标的实现方式和道路的推动力量的规则体系。就是说，中国制度是从中国道路中产生和形成的，是立足于中国道路而形成的中国制度，中国制度是在中国道路发展的实践进程中，就其中一些具有根本性、全局性、战略性、长远性的问题而确定的规则体系。因而，中国制度是借助于中国道路而发挥作用的，没有中国道路及其实践，哪来的中国制度？没有中国道路，中国制度就是无源之水、无本之木。即使有，那也是抽象的。道路不同，制度必然不同。坐高铁从北京到郑州，与坐飞机从上海到北京，二者道路不同，交通规则或制度必然不同。因此，从本源意义上说，相对于制度，道路逻辑在先。

当然，二者也相互贯通、相互作用。一个国家所走的道路，首先是解决整个社会制度的选择问题；而一个国家所实行的制度，首先是要解决道路的选择问题。或者说，最根本的制度，首要是关于道路的制度；而最根本的道路，首要是关于制度的道路。因此，中国特色社会主义道路是为中国特色社会主义制度提供实践支撑，而中国特色社会主义制度是为中国特色社会主义道路提供制度保障。

（四）中国道路使中国文化彰显时代价值

中国道路与中国文化密不可分，其中吸纳并蕴含着中国文化的基因。中国道路在性质和总体上坚持中国共产党集中统一领导，这与中国传统文化结构有关。在中国传统文化结构中，儒家文化占主导。儒家文化相对强调集中、统一，大一统，强调秩序，强调文化为统治阶级服务。对这种文化进行创造性转化和创新性发展，自然要求坚持中国共产党集中统一领导。中国文化强调和而不同、协和万邦、兼济天下、世界大同，这在当代中国道路中就体现为追求共同富裕、共享发展，积极构建人类命运共同体。

中国道路又使中国文化的时代价值得以彰显。文化要古为今用，正是中国道路所创造的世所罕见的中国奇迹，才使中国文化的时代价值得以彰显。为什么要坚定文化自信？是因为改革开放以来中国特色社会主义道路创造了中国奇迹。中国文化的基本精神，是民为邦本的民本精神、自强不息的奋斗精神、刚柔相济的坚韧精神、贵和尚中的中道精神、天人合一的和谐精神、和而不同的包容精神、大局为重的集体精神、仁者爱人的人道精神、兼济天下的大同精神、居安思危的忧患精神。在当代中国道路中，蕴含着以新的特点和形式彰显出的以人民为中心的民本精神、一往无前的奋斗精神、迎难而上的坚韧精神、兼济天下的大同精神、开放创新的包容精神、团结合作的集体精神、命运共同的共生精神。正是这些文化精神和价值观，使中国道路创造了中国奇迹。

中国特色社会主义道路是实现现代化的必由之路，是创造人民美好生活的必由之路。坚定道路自信，源于对中国文化的自信，中国文化滋养着中国道路；坚定文化自信，源于对中国道路的自信，中国道路促进中国走向成功。

在当代中国，不同道路之争，其深层体现为不同文化之争；而不同文化之争，其底蕴也体现为不同道路之争。中国应向何处去？中国应走什么样的道路？每到中国历史发展的关键时刻，总是把这一核心问题推到前台。对道路的选择不同，文化取向也就不同。坚持走社会主义道路，自然倡导马克思主义；坚持走资本主义道路，自然强调西方文化。

（五）用中国方案彰显中国道路、中国理论的世界意义

从逻辑上看，中国方案缘起于中国道路、中国理论的世界意

义，是中国道路、中国理论世界化并彰显其世界意义的具体表达；中国方案的背后是中国道路、中国理论，它植根于中国道路、中国理论，以中国道路、中国理论为根本之道。在这个意义上，“中国方案”的本质是中国道路、中国理论世界化意义的拓展，是中国道路、中国理论世界化意义的彰显。如果说“中国理论”是从上层建筑层面对中国道路的理性阐述，那么，“中国方案”则是从中国道路的世界意义层面对中国道路的具体阐释。

陈先达教授指出，中国方案的提出，有重要理论和实践意义。中国方案，就存在于中国道路之中。没有中国道路就不会有中国方案。提不出中国方案，中国道路就会变成一句空话。中国道路，既是具有中国特色的中国之路，又是具有世界意义的中国之路。讲它是中国特色之路，是因为它具有中国的历史特点、民族特点、文化特点；讲它又是具有世界意义的中国之路，是因为它向人类提供了不同于西方发展道路的中国方案。这个方案向世界表明，一个近百年来受列强压迫和侵略的民族，一个曾经落后于西方发达国家的民族，完全可以依靠自己的力量，建立与自己民族特点相符合的制度和发展道路，走上民族伟大复兴之路。资本主义社会并不是人间天堂，资本主义的经济和政治制度也不是人类社会发展的唯一之路，资本主义的价值观念并非人人必须奉为圭臬的绝对价值观念。在当代，各国的发展完全可以有不同的方案。这正是西方某些资本主义国家拼命遏制中国和平发展的原因。因为中国的崛起意味着中国道路、中国理论及立于其上的中国方案的成功；而中国方案的成功，意味着在当代可以有另一条通向自己国家和民族复兴的道路，而不必接受西方兜售的资本主义制度优越论和永世论的灵丹妙药。中国方案是马克思主义和中国文化精华的结合，它的影响力和说服力，是中国道路、中国理论对世界的贡献。正因如此，西方一些国家千方百计对中国道路进行抹黑，并将之视为对“自由世界”道路的背离。陈先达教授的上述观点，鲜明且透彻地阐释了中国方案与中国道路的关系，给人以启迪。

针对中国道路、中国理论、中国方案三者之间的逻辑关系，还可以作出下述阐释：中国奇迹引发世界对中国的关注，对中国来说，这是中国道路得以出场的缘起；对世界来说，中国奇迹的秘密要到中国道路之中去寻求，中国道路是产生中国奇迹的根源所在。在此前提下，以中国道路为本源，中国道路、中国理论、中国方案三者又构成一个相对独立的逻辑系统。在该系统中，中国道路是本源，同时也是核心，中国方案是中国道路之世界意义的表达。对中国道路和中国方案的阐释需要中国理论，中国理论是对中国道路和中国方案的理性解释。由此可以说，这三者之间环环相扣，层层推展，具有严密逻辑性。

（六）基于中国道路构建中国话语

中国道路构成中国话语最深刻的实践基础和最充足的现实根据。中国话语是中国道路的理性表达，它在本质、核心上是表达中国道路的。中国道路是中国话语的实践基础、现实载体和本源依托，构建中国话语，应致力于寻求并阐释使中国道路创造中国奇迹的核心要素、标识要件，这些核心要素、标识要件是构建中国话语的关键。

从宏观上讲，这些核心要素、标识要件主要是：作为“定性”的中国共产党领导；作为“定位”的立足历史方位、不断与时俱进；作为“定标”的解放和发展社会生产力，实现共同富裕，促进人的全面发展；作为“定法”的动力机制、平衡机制和治理机制；作为“定力”的党的领导力量、市场配置力量和人民主体力量。构建中国话语，应围绕上述核心要素、标识要件来进行，把这些核心要素作为构建中国话语的标识性范畴。

中国话语自信从根本上源于中国道路创造了中国奇迹。中国现在是世界第二大经济体，并且创造了两大奇迹。这充分表明中国特色社会主义道路是成功的，中国特色社会主义理论是正确的，中国特色社会主义制度具有显著优势。

（七）意识形态之争深层源于对中国道路的不同解释

意识形态建设要围绕中国奇迹、中国道路、中国理论、中国话语四个核心问题进行，尤其要围绕对中国道路的学理阐释来进行。

社会主义意识形态建设首先要练好“内功”，不练好“内功”，缺乏免疫力，面对“外攻”，我们就会缺乏抵抗力。练好“内功”，增强免疫力，既有利于解决我们自己的理论建构问题，也有利于增强我们对“外攻”的抵抗力。

强化“内功”，最关键的就是我国意识形态建设要聚焦于中国道路，要围绕解释中国道路进行。“中国道路”在一定意义上具有意识形态性质，意识形态之争往往是中国道路之争。“西方中心论”、历史终结论、新自由主义、历史虚无主义误读中国、曲解中国的内容之一，就是认为“中国道路”是“国家资本主义”“权贵资本主义”。国内一些错误思潮对“中国特色社会主义道路”在不同意义上也持排斥态度，要么崇拜西方新自由主义而走“邪路”，要么妄想回到封闭僵化的“老路”上去。因此，要回应意识形态挑战，凝聚共识，赢得认同，树立理论上的权威，就必须阐释好中国道路，把中国道路的内涵、实质及其重大意义从政治上、理论上讲清楚。这是意识形态建设的一项具有基础性的重要工作。如果只讲意识形态建设而不去研究中国道路，不仅是研究上的短板，也是研究上的不彻底，是浮在空中的表象化研究。

（八）中国道路蕴含中华新文明

中国特色社会主义不仅促进中国经济发展，而且拓展了发展中国家走向现代化的路径，衍生出一种中华新文明。这种中华新文明，不是中国传统文明的简单“再版”，也不是西方现代文明的直接“翻版”，而是中华文明的创造性转化、创新性发展，是中国道路在当代的生动表达，是中华文明的时代表达，属于新的现代文明形式。

世界社会主义五百年历史发展的深厚积淀，中国社会主义制度和国家治理体系的显著优势，决定了中华新文明具有不同于西方文明的独特之处。在世界历史背景下，无论中华文明还是西方文明，都是人类文明的重要组成部分，中国应当积极借鉴世界包括西方优秀的文明成果。但中国对西方文明的学习绝不是亦步亦趋、照搬照抄，而是以五千多年中华优秀传统文化为底蕴，在深入研判中国发展的时代趋势与现实国情的前提下，吸收西方文明有益成分并将其纳入中国道路之中。

中国特色社会主义道路所形成的中华新文明是一种现代文明。西方现代性文明作为资本主义工业文明的开路先锋，在世界历史发展过程中发挥过十分重要的积极作用。但这并不意味着它可以成为现代性文明的唯一版本。西方现代化发展在取得系列成就的同时，也不可避免地遭受了“现代性之殇”，如两极分化、冲突加剧、精神匮乏、信仰失落、私欲膨胀等。西方现代性文明的危机是我们重构现代文明的契机，也使我们找到了超越西方现代性文明的方向。中国道路创造中国奇迹从而取得成功，表明中国有责任也有能力塑造一种中华新文明。这种中华新文明，既来自中华优秀传统文化中的和谐共生、和而不同、海纳百川、兼济天下、协和万邦、世界大同等文明理念，也来自中西文明优势互补、融合互鉴的发展实践，还来自中国特色社会主义道路及其成功经验，更反映出世界历史发展趋向。其核心要义，是世界多样、国家平等、文明互鉴、包容发展、互利普惠、和而不同、兼济天下、命运共同。世界多样是一种世界观，它反对一元主宰的世界观，是中华新文明的前提；国家平等是一种国家观，它反对国强必霸的国家观；文明互鉴是一种文明观，它反对文明冲突的文明观；包容发展是一种发展观，它反对“以鞋裁脚”的“西方中心论”；互利普惠是一种义利观，它反对赢者通吃的单赢观；和而不同是一种包容观，它反对唯我独尊的独断论；兼济天下是一种普惠观，它反对二元对立的哲学观；命运共同是一种共生观，它反对你死我活的丛林观，同时也是中华新文明的落脚点。显然，中国道路超越了“中心—边缘”的世界格局，摒弃了西方文明排他、独断、霸权的思维方式；中国道路把世界各国都纳入和平发展、合作共赢、互利普惠的世界框架中，它是对人类文明多样化发展的丰富、完善。

第二章

中国式现代化的逻辑

党的二十大，是在全党全国各族人民迈上全面建设社会主义现代化国家新征程、向第二个百年奋斗目标进军的关键时刻召开的一次十分重要的大会。党的二十大报告意义重大、内涵深刻、影响深远。党的二十大报告，是研究马克思主义和中国化时代化的马克思主义的一部重要文献。深入学习研究党的二十大报告，可以发现贯穿其中的一个大逻辑，就是中国式现代化逻辑。它包括生成逻辑、理论逻辑、实践逻辑。生成逻辑，就是党的十八大以来我们党在理论和实践上的创新突破，聚焦于成功推进和拓展了中国式现代化，新中国成立特别是改革开放以来的长期探索和实践是这一创新突破的基础。这意味着习近平总书记提出的创新突破和成功拓展中国式现代化的历史起点是“新时代”。理论逻辑，在于第一次较为系统地阐述了中国式现代化理论。实践逻辑，就是以中国式现代化全面建成社会主义现代化强国、全面推进中华民族伟大复兴。

总体来看，中国式现代化具有鲜明的强国逻辑，体现为“全面建成社会主义现代化强国→实现中华民族伟大复兴→为人类谋进步、为世界谋大同、为人类实现现代化提供新选择→创造人类文明新形态”的梯次结构。以中国式现代化全面推进中华民族伟大复兴是贯穿党的二十大报告的一条主线。党的二十大报告第一次从总体上构建起中国式现代化的理论体系和话语体系，掌握了解释中国式现代化的话语权。

一、中国式现代化的生成逻辑

在历史演进中，中国共产党创造性地成功推进和拓展了中国式现代化。2021 年 7 月 1 日，习近平总书记在庆祝中国共产党成立 100 周年大会上的讲话中提出了“走自己的路”“创造了中国式现代化新道路”“创造了人类文明新形态”重要论断。这三大重要论断是沿着历史逻辑、理论逻辑、实践逻辑一一“出场”的，是历史逻辑上步步递进、提升，理论逻辑和实践逻辑上不断推进、拓展的关系。

党的二十大报告所强调的“在新中国成立特别是改革开放以来长期探索和实践基础上，经过十八大以来在理论和实践上的创新突破，我们党成功推进和拓展了中国式现代化”，是有深意的。这表明，新中国成立特别是改革开放以来的长期探索和实践是中国式现代化的基础，党的十八大以来我们党在理论和实践上的创新性的成功突破，推进和拓展了中国式现代化，“中国式现代化”成功拓展的历史起点是“新时代”。可以说，“中国式现代化新道路”是对邓小平所讲的“中国式的现代化道路”的进一步深入推进、拓展和提升。

其一，从历史看。“中国式现代化新道路”是在“中国式的现代化道路”基础上逻辑地推进和拓展出来的。改革开放之初，邓小平明确提出：“要在本世纪内实现四个现代化，把我国建成一个社会主义强国，这是一个非常艰巨的任务。”“过去搞民主革命，要适合中国情况，走毛泽东同志开辟的农村包围城市的道路。现在搞建设，也要适合中国情况，走出一条中国式的现代化道路。”[①]“我们搞的现代化，是中国式的现代化。”[②]又指出，叫中国式的现代化，就是把标准放低一点，目标是小康社会，“这个小康社会，叫做中国式的现代化”[③]。这些阐述表明，邓小平强调的是“中国式”，即“适合中国情况”，走中国自己的发展道路，反对照搬西方式现代化道路，而“中国式的现代化”的目标是建成小康社会。习近平总书记所讲的“中国式现代化新道路”同样强调要“适合中国情况”。同时也要看到，邓小平所讲的“中国式的现代化”主要指建成小康社会，而习近平总书记所讲的“中国式现代化新道路”，则从五个方面推进和拓展了“中国式的现代化道路”，且是与“新时代”明确对接的。一是新时代到 2035 年要在推动全体人民共同富裕上取得更为明显的实质性进展，推进和拓展了改革开放之初所讲的“让一部分人先富起来”。二是新时代更加注重物质文明、政治文明、精神文明、社会文明、生态文明协调发展，这对改革开放之初在实践上相对注重物质财富增长和人民基本需求满足来说，是一种推进和拓展。三是新时代更加注重人与自然和谐共生，注重绿色发展，超越了

① 《邓小平文选》第二卷，人民出版社 1994 年版，第 163 页。
② 《邓小平文选》第三卷，人民出版社 1993 年版，第 29 页。
③ 《邓小平文选》第三卷，人民出版社 1993 年版，第 54 页。

改革开放之初一些地方那种发展经济以牺牲自然环境为代价的模式。四是新时代更加注重走和平发展道路，更加强调以中国的新发展为世界提供新机遇、注入新动力，更加强调参与全球治理体系改革和建设，追求“以中国发展贡献于世界”，促进合作共赢，这对改革开放之初相对注重在“维护世界和平中谋求国内发展”来说，是一种推进和拓展。五是新时代更加注重坚持和完善中国特色社会主义制度，推进国家治理体系和治理能力现代化，致力于全面建成社会主义现代化强国，全面实现中华民族伟大复兴，即解决“强起来”的问题，这对改革开放之初中国式的现代化道路相对注重提高社会生产力、综合国力和人民生活水平，相对注重解决“富起来”并建设、建成小康社会来说，是一种推进和拓展。上述五个方面充分表明：中国式现代化新道路继承、推进和拓展了改革开放之初“中国式的现代化道路”，是党的十八大以来我们党在理论和实践上的最大且最成功的创新突破。

其二，从现实看。“创造了中国式现代化新道路，创造了人类文明新形态”的“两个创造”是坚持和发展中国特色社会主义并推动“五大文明”之“果”，坚持和发展中国特色社会主义并推动“五大文明”是“两个创造”之“因”。习近平总书记对“五大文明”与中国式现代化之“中国特色”的重要论述，都是在坚持走中国特色社会主义道路的基础上，相对于改革开放之初那种“中国式的现代化道路”的推进、拓展和提升而言的。“五大文明”是党的十八大以后提出的概念和论断，关于中国式现代化新道路之“中国特色”的重要论述也是党的十八大以后提出的概念和论断。中国式现代化五个本质中国特色都是对接“新时代”的，主要是从“新时代”所推进、拓展和提升的现代化来讲的，即中国式现代化新道路的逻辑起点是“新时代”，目标是“全面建成社会主义现代化强国”“全面实现中华民族伟大复兴”，人口规模巨大的现代化也是因为“新时代”才更具有世界意义。

既然中国式现代化新道路是明显对接新时代的，那么，中国式现代化就更是如此了。

二、中国式现代化的理论逻辑

（一）性质方向：中国式现代化是中国共产党领导的社会主义现代化

中国共产党自成立那天起，就主动肩负起实现中国的现代化的历史重任，实现了中国的现代化道路问题上的历史转折。从新民主主义革命时期提出的“国家工业化”，经社会主义革命和建设时期提出的“四个现代化”尤其是科学技术现代化，到改革开放和社会主义现代化建设新时期提出的“社会主义现代化”，再到中国特色社会主义新时代提出的“国家治理现代化”，创造出“中国式现代化新道路”，尤其是成功推进和拓展“中国式的现代化”，都是在中国共产党领导下进行的，方向和道路是走向社会主义。

（二）共同特征：中国式现代化具有世界各国现代化的共同特征

中国式现代化具有世界各国现代化的共同特征。中国式现代化与世界各国现代化一样，也遵循世界现代化发展的一般规律。

中国式现代化遵循现代化发展的一般规律，首先表现为横向上它蕴含现代化的一般要素。从现代化发展的一般要素来讲，在从农业社会向工业社会转变的历史进程中必然注重工业化、城市化，在工业化、城市化进程中必然注重市场经济和科学技术，市场经济和科学技术发展在解放和发展社会生产力的同时，内在注重政治领域的民主法治、文化领域的自由平等和社会领域的公平正义。工业化、城市化，市场经济、科学技术，民主法治、公平正义、自由平等、社会结构变迁等，构成现代化的一般要素，其中蕴含着现代化各要素之间环环相扣、相互促进的规律。

中国式现代化遵循现代化发展的一般规律，其次表现为纵向上它遵循“现代化起飞阶段相对注重发展动力、持续运行阶段相对注重发展的平衡和谐、当动能不足发展失衡时要注重治理”的历史发展规律。从现代化动态历史发展进程来讲，一般来说，在现代化“起飞”的初期阶段，必须注重激活经济社会发展的动力；在现代化进一步深入“稳定”发展阶段，在激活经济社会发展动力的同时，就必须相对注重保持经济社会发展的平衡，发展失衡是要“翻车”的；当经济社会发展动能不足、发展失衡失稳时，治理是关键，治理滞后难以使动力和平衡达到统一。马克思、恩格斯在《共产党宣言》中讲道，在资本主义社会发展之初，经济社会现代化发展动力较足，他们用“创造的生产力”“在历史上曾经起过非常革命的作用”“创造出一个世界”[①]来表达，指出资产阶级在它的不到一百年的阶级统治中所创造的生产力，比过去一切世代创造的全部生产力还要多，还要大。但资本主义现代化在进一步发展的历史过程中，却出现了两极分化，经济发展以牺牲社会发展、文化发展、人的发展、环境发展为代价，西方世界的发展以牺牲非西方世界的发展为代价等失衡现象，即平衡机制出现了严重问题。所以，马克思力求通过无产阶级革命这种特殊的治理方式（机制）来解决这一问题。在我国改革开放和社会主义现代化建设新时期之初，首先注重的也是激活经济社会发展的动力、活力，强调解放思想、解放人、解放生产力，强调敢闯敢干、敢为人先，杀出一条血路。在我国社会主义现代化进一步发展的历史进程中，一定程度上出现了发展不全面、不兼顾、不协调、不平衡、不稳定的新情况新问题，我们党提出的科学发展观，就是直奔解决发展不全面、不兼顾、不协调、不平衡、不稳定问题而去的，强调要构建社会主义和谐社会。党的十八大以来，中国特色社会主义进入新时代，我国发展步入新的历史方位，党的十八届三中全会的主题是全面深化改革，其总目标是完善和发展中国特色社会主义制度，推进国家治理体系和治理能力现代化。这就把国家治理体系和治理能力现代

① 《马克思恩格斯选集》第一卷，人民出版社 2012 年版，第 405、402、404 页。

化问题推到了我国历史发展的前台，成为党中央治国理政议事日程中的突出问题，其实质就是“治理”的现代化。

（三）中国特色：中国式现代化具有中国特色

党的二十大报告强调，中国式现代化更有基于自己国情的中国特色，中国式现代化是人口规模巨大的现代化，是全体人民共同富裕的现代化，是物质文明和精神文明相协调的现代化，是人与自然和谐共生的现代化，是走和平发展道路的现代化。这表明中国式现代化是现代化在中国的具体实现形式，具有“中国类型”或“中国范式”，体现了空间意义上的中国逻辑，表现为它蕴含着与中国历史文化传统、基本国情以及中国创造相关的中国元素，区别于西方式现代化，实现对现代化模式的超越。

中国式现代化，是人口规模巨大的现代化。这是中国式现代化的“主体”特征。我国 14 亿多人口整体迈进现代化社会，规模超过现有发达国家人口的总和。这种人口规模在新时代整体迈进现代化社会，就是对推进世界现代化进程和世界发展的一个巨大贡献。由于人口规模巨大，我国实现现代化之艰巨性和复杂性远非西方国家可比，当然其贡献也远非西方国家可比。由于人口规模巨大，中国式现代化之发展途径和推进方式也具有自己的特点，我国既要在中国共产党坚强领导下，紧紧依靠广大人民群众团结互助，坚持全国一盘棋，调动各方积极因素，集中国家资源和力量推进现代化；也要在致力于解决发展不平衡不充分问题的历史进程中推进现代化；还要以守正创新、稳中求进、循序渐进、持续发力的方式推进现代化。

中国式现代化是全体人民共同富裕的现代化。这是中国式现代化的“目的”。共同富裕是中国特色社会主义的本质要求，中国式现代化把实现人民对美好生活的向往作为现代化建设的出发点和落脚点，着力维护和促进社会公平正义，着力促进全体人民共同富裕，坚决防止两极分化。就是说，它是走实现全体人民共同富裕道路的现代化，不同于西方个人至上话语体系下的贫富悬殊乃至两极分化的现代化。

中国式现代化是物质文明和精神文明相协调的现代化。这是中国式现代化的“方式”取向。中国式现代化是物质文明、政治文明、精神文明、社会文明、生态文明协调发展的现代化，物质富足、精神富有是社会主义现代化的根本要求，它坚持促进物的全面丰富和人的全面发展有机统一。中国特色社会主义进入新时代，中国式现代化在物质文明的基础上，正致力于逐步解决人民精神生活共同富裕即精神富有的问题。显然，它不同于西方那种物质财富至上话语体系下的单向度发展或物质主义膨胀的现代化。

中国式现代化是人与自然和谐共生的现代化。这是中国式现代化的“文明”向度。中国式现代化不走“先发展后治理”“无止境地向自然索取甚至破坏自然”“经济发展以牺牲自然环境为代价”的那种西方式现代化老路。这种“老路”不仅没有真正体现现代化的“文明”本质，反而异化为野蛮。中国式现代化坚持可持续发展，坚定不移走生产发展、生活富裕、生态良好的文明发展道路，是能内在生长出“文明”的现代化。

中国式现代化是走和平发展道路的现代化。这是中国式现代化的“世界”向度。中国式现代化不同于“西方中心论”话语体系下的单边主义现代化，不走西方一些国家那种通过战争、殖民、掠夺等方式实现现代化的老路。它坚定不移站在历史正确的一边，站在人类文明进步的一边，走和平发展、合作共赢、包容普惠之路，在坚定维护世界和平与发展中谋求自身发展，又以自身发展更好维护世界和平与发展。这种现代化是世界现代化发展的趋势和方向，由此，中国式现代化为人类实现现代化提供了新的选择。

（四）本质要求：中国式现代化的本质要求是一个完整系统且具有内在逻辑

中国式现代化按照从“总体”到“五位一体”再到“共同体”的逻辑，系统阐释中国式现代化在实践上的本质及其目标要求。

“总体”维度，中国式现代化，必须在根本上坚持中国共产党领导，坚持中国特色社会主义。这是对中国式现代化在本质上的“定性”和“定向”，避免使中国式现代化走邪路、老路。坚持中国共产党领导是对中国式现代化的“定性”，避免使中国式现代化走改旗易帜的邪路；坚持中国特色社会主义，是对中国式现代化的“定向”，避免使中国式现代化走封闭僵化的老路。二者都是确保推进和拓展中国式现代化沿着正确的方向和道路前行。

“五位一体”总体布局维度，中国式现代化在经济领域要求实现高质量发展，以超越改革开放之初一些地方那种粗放式发展的“中国式的现代化”；在政治领域要求发展全过程人民民主，体现了民主问题上的普遍性和特殊性的结合；在文化领域要求丰富人民精神世界，既要超越改革开放之初那种相对注重物质富足的“中国式的现代化”，又要超越西方那种物欲横流、精神疲软的现代化；在社会领域要求实现全体人民共同富裕，既要超越改革开放之初那种相对注重使一部分地区、一部分人先富起来的“中国式的现代化”，又要超越西方那种“两极分化”式的现代化；在生态领域要求促进人与自然和谐共生，力求超越那种经济发展以破坏自然环境为代价的现代化。这是对中国式现代化的“定标”和“定法”。“定标”，就是在“五位一体”总体布局的五大领域内进一步深入推进和拓展中国式现代化，其目标分别是实现高质量发展，发展全过程人民民主，丰富人民精神世界，实现全体人民共同富裕，促进人与自然和谐共生。“定法”，就是在五大领域内进一步推进和拓展中国式现代化需要采取的具体方略：经济领域要完整、准确、全面贯彻新发展理念，构建新发展格局；政治领域要坚定不移走中国特色社会主义政治发展道路，坚持走中国特色社会主义法治道路；文化领域要坚持走中国特色社会主义文化发展道路；社会领域要完善分配制度，实施就业优先战略，健全社会保障体系，推进健康中国建设；生态领域要推动绿色发展，走生产发展、生活富裕、生态良好的文明发展道路。

“共同体”维度，中国式现代化内在要求积极推动构建人类命运共同体，创造人类文明新形态，超越西方那种殖民扩张式的现代化。中国式现代化内在要求能够创造出人类文明新形态。创造人类文明新形态的立足点是中国式现代化，它具有内生人类文明的基因，因为中国式现代化既发展了中华传统以家庭伦理为立足点的“伦理型文明”，也彻底超越了西方那种立足于市民社会的资本占有劳动并控制社会的“资本型文明”，真正确立了立足于人类社会的以人民为本的“民本型文明”。中国式现代化也是现代化和人类文明的一种实现方式，就世界而言，它的最高成果和最大贡献就是创造了具有总体性意义的人类文明新形态，把“现代化”提升到“人类文明”的高度和维度。人类文明新形态是构建人类命运共同体的人文基础，构建人类命运共同体是人类文明新形态的实践方式，因为人类文明新形态与人类发展进步本质相关，与人类命运直接相连，与人类共同体息息相通，能为在实践上构建人类命运共同体奠定“人类”基础；它强调世界各国都要遵循现代化发展和人类文明发展的一般规律，注重世界各国在现代化发展和人类文明发展问题上的共同性、平等性和互鉴性，注重人类与国家、民族的“共同命运”，能为在实践上构建人类命运共同体奠定“共同命运”基础；它还蕴含一种主张“世界多样”的世界观、“国家平等”的国家观、“互学互鉴”的文明观、“包容发展”的发展观、“合作共赢”的义利观，而“世界多样”“国家平等”“互学互鉴”“包容发展”“合作共赢”等，与构建人类命运共同体具有本质上的一致性，能为构建人类命运共同体奠定“共同体”基础。从中国式现代化到人类文明新形态，是在范式、内容、空间上的提升，把“中国范式”提升为“人类范式”，把“现代化”历史发展提升为对整个人类、社会与国家、民族历史进步的不懈追求及其积累起来的积极文明成果，并从“中国式现代化”中提升出对人类文明发展所具有的世界意义，这种提升意味着更加注重国家、民族之间的统一性、平等性、互鉴性，进而引领整个人类与国家、社会的发展进步。显然，这是在逻辑上由具有特殊性的“中国范式”上升到具有一般性的“人类范式”的哲学思维的过程。从创造人类文明新形态到构建人类命运共同体，是从人类文明形态到人类共同体实践形态的一种转化，构建人类命运共同体实质上是人类文明新形态的一种人类实践形式和实现方式。由此来看，中国式现代化、人类文明新形态和构建人类命运共同体，是本质相关、步步递进的关系。

三、中国式现代化的实践逻辑

党的二十大提出新时代新征程党的使命任务，把“以中国式现代化全面推进中华民族伟大复兴”作为新时代新征程中国共产党的一个中心任务，这充分表明：整个党的二十大报告，就是以习近平新时代中国特色社会主义思想为指导，围绕“以中国式现代化全面推进中华民族伟大复兴”这条主线，对今后五年乃至更长时期全面建设社会主义现代化国家、全面推进中华民族伟大复兴作出的战略谋划，其实质讲的就是中国式现代化的实践逻辑或强国逻辑。

第一，党的二十大报告的灵魂、主题与结尾的动员，都强调要为全面建设社会主义现代化国家、全面推进中华民族伟大复兴而团结奋斗。这就突出了以中国式现代化全面推进中华民族伟大复兴的“要旨”。

第二，强调党的二十大召开的背景，是在全党全国各族人民迈上全面建设社会主义现代化国家新征程的关键时刻召开的。这就突出了以中国式现代化全面推进中华民族伟大复兴所在的“新征程”这一关键时刻。

第三，确定了我们党的中心任务。中心任务和奋斗目标对以中国式现代化全面推进中华民族伟大复兴这一战略全局具有引领性，自然“以中国式现代化全面推进中华民族伟大复兴”就是贯穿整个党的二十大报告的一条主线，党的二十大报告就是紧紧围绕这一主线，对全面建设社会主义现代化国家作出战略部署和安排的。这就鲜明突出了“以中国式现代化全面推进中华民族伟大复兴”这一主线以及今后推进和拓展中国式现代化的实践任务。

第四，确定了全面建设社会主义现代化国家的总的战略安排。这就是从 2020 年到 2035 年基本实现社会主义现代化；从 2035 年到本世纪中叶把我国建成富强民主文明和谐美丽的社会主义现代化强国。这就突出了中国式现代化建设的战略目标和步骤。

第五，确立了全面建设社会主义现代化国家所遵循的重大原则，即突出了以中国式现代化全面推进中华民族伟大复兴的“重大原则”。这里所讲的“重大原则”，主要是针对事业艰巨、任重道远、重大考验和居安思危而言的，其实质讲的是全面建设社会主义现代化国家的根本遵循。既然是重大原则，意味着既要牢固坚守不动摇，又要自觉遵循不偏离。党的二十大报告提出了五个重大原则，即坚持和加强党的全面领导，坚持中国特色社会主义道路，坚持以人民为中心的发展思想，坚持深化改革开放，坚持发扬斗争精神。这分别讲的是“领导主体”“实现目标”“实现路径”“动力之源”和“精神状态”，分别回答“谁来全面领导”“达到什么目的”“采取何种道路”“如何激活前进动力”“需要什么精神状态”等重大问题。党政军民学、东西南北中，党是领导一切的。历史经验表明，办好中国的事情关键在党，没有中国共产党全面领导，全面建成社会主义现代化强国、实现中华民族伟大复兴必然是空想，坚持和加强党的全面领导是全面建成社会主义现代化强国、实现中华民族伟大复兴的根本政治保证。中国特色社会主义是实现中华民族伟大复兴的必由之路，这是我们在长期实践中得出的至关紧要的规律性认识。历史和实践反复证明，中国特色社会主义道路是我国走向成功并造福人民的根本正确道路。全面建成社会主义现代化强国既要紧紧依靠人民，也是真正为了人民，还要把人民是否满意当作评价尺度，把实现人民对美好生活的向往作为现代化建设的出发点和落脚点，作为党的奋斗目标。在全面建成社会主义现代化强国的历史进程中，既要充分发挥好中国特色社会主义的制度优势，也要大力推进国家治理体系和治理能力现代化，用制度更好地治理好国家，还要解决好利益分配制度问题，这都需要进一步深化改革开放，为前进发展注入强大动力、活力。在全面建设社会主义现代化国家新征程中，必然面临的不少深层次矛盾躲不开、绕不过，党风廉政建设和反腐败斗争也面临不少顽固性、多发性问题，来自外部的打压遏制随时可能升级，我国发展进入战略机遇和风险挑战并存、不确定难预料因素增多的时期。我们要经受风高浪急甚至惊涛骇浪的重大考验，就必须敢于斗争、善于斗争。

第六，从“五位一体”总体布局与“实施科教兴国战略、强化现代化建设人才支撑”入手对全面建设社会主义现代化国家作出战略部署，突出了中国式现代化推进和拓展的方式。在经济领域，强调的是“加快构建新发展格局，着力推动高质量发展”，指出“高质量发展是全面建设社会主义现代化国家的首要任务。发展是党执政兴国的第一要务。没有坚实的物质技术基础，就不可能全面建成社会主义现代化强国”。在教育、科技和人才领域，强调推进高质量发展的关键与核心在于教育、科技和人才，没有教育、科技和人才，就不可能有高质量发展，科技是第一生产力，人才是第一资源，创新是第一动力，因而教育、科技、人才是全面建设社会主义现代化国家的基础性、战略性支撑。在政治领域，强调“发展全过程人民民主，保障人民当家作主”，指出“人民民主是社会主义的生命，是全面建设社会主义现代化国家的应有之义”。在法治领域，强调“坚持全面依法治国，推进法治中国建设”，指出要“在法治轨道上全面建设社会主义现代化国家”。在文化领域，强调“推进文化自信自强，铸就社会主义文化新辉煌”，指出“全面建设社会主义现代化国家，必须坚持中国特色社会主义文化发展道路”。在社会领域，强调“增进民生福祉，提高人民生活品质”，指出“治国有常，利民为本”，要把实现人民对美好生活的向往作为现代化建设的出发点和落脚点。在生态领域，强调“推动绿色发展，促进人与自然和谐共生”，指出“尊重自然、顺应自然、保护自然，是全面建设社会主义现代化国家的内在要求”。在国家安全上，强调“推进国家安全体系和能力现代化，坚决维护国家安全和社会稳定”，指出要统筹发展和安全。在国防和军队现代化建设领域，强调“实现建军一百年奋斗目标，开创国防和军队现代化新局面”，指出“如期实现建军一百年奋斗目标，加快把人民军队建成世界一流军队，是全面建设社会主义现代化国家的战略要求”。在党的建设问题上，强调“坚定不移全面从严治党，深入推进新时代党的建设新的伟大工程”，指出“全面建设社会主义现代化国家、全面推进中华民族伟大复兴，关键在党”。[①]

四、中国式现代化的强国逻辑

党的二十大报告可分五个板块、十五个部分，在三万余字的篇幅中有三百多个新提法。其中，第一个板块包括阐明主题的前言和第一至第三部分，是总论，具有管全局、管根本、管引领的地位；第二个板块包括第四至第十部分，是全面建设社会主义现代化国家的战略部署和具体安排；第三个板块包括第十一至第十四部分，是论述为全面建成社会主义现代化强国提供全面保障；第四个板块是第十五部分，主要阐述加强党的全面领导和全

① 《习近平著作选读》第一卷，人民出版社 2023 年版，第 23—52 页。

面从严治党，为全面建成社会主义现代化强国提供政治保证；第五个板块是结语，也是动员令。在文本上，报告具体展开为主题及“三个务必”、回顾总结及其重大意义、重大创新理论及创新实践阐释、战略谋划“两个全面”奋斗目标、全面贯彻“五位一体”总体布局和“四个全面”战略布局的十二项工作、团结奋斗的时代要求及动员令。在深层次上，整个报告紧紧围绕“习近平新时代中国特色社会主义思想的世界观和方法论”“中国式现代化”两大创新成果，分别从理论和实践两方面展开，而两个方面的共同点是从强国奋斗目标开始，最终指向构建人类命运共同体、创造人类文明新形态。报告内容从理论和实践层面都体现出这样的共同性：全面建成社会主义现代化强国是起始目标，实现中华民族伟大复兴是历史目标，世界大同或天下文明是归宿目标。可以说，“全面建成社会主义现代化强国→实现中华民族伟大复兴→为人类谋进步、为世界谋大同、为人类实现现代化提供新选择→创造人类文明新形态”，是党的二十大报告展现的深层逻辑，这一逻辑本质上是中国式现代化的强国逻辑。

（一）强国逻辑的基本内容：全面建成社会主义现代化强国→实现中华民族伟大复兴→为人类谋进步、为世界谋大同、为人类实现现代化提供新选择→创造人类文明新形态

为简洁起见，下文把中国式现代化强国逻辑的基本内容简化为“建成强国→实现复兴→人类进步、世界大同、人类现代化→人类文明新形态”。

建成强国是起始目标，集中体现在中国共产党的中心任务和“贯彻新发展理念是新时代我国发展壮大的必由之路”的重大论断上。关于中国共产党的中心任务，党的二十大报告从四个方面进行了论述：第一，全面建成社会主义现代化强国；第二，全面建成富强民主文明和谐美丽的社会主义现代化强国；第三，以中国式现代化为根本路径和方式；第四，全面推进中华民族伟大复兴。其中，第一方面强调的是定性，即要建成的强国是社会主义强国，是现代化强国。“社会主义强国”，是关于方向和道路的规定；“现代化强国”是关于历史境遇的界定，是定位于人类历史发展“商品经济”历史阶段上的强国。第二方面强调的是愿景，是基于现代化建设的“五位一体”总体布局，对于将要建成的强国的总体描述，即“经济—富强，政治—民主，文化—文明，社会—和谐，生态—美丽”的总体图景。第三方面是对强国路径的规定，强调中国式内涵，体现的是“中国—世界”之视野，即着眼全球现代化的共同性，聚焦中国式现代化的特殊性，落脚于现代化的中国实践和中国创造。第四方面指向中华民族复兴，是从国家层面向民族层面的拓展，体现的是强国视野的开放性，即“立足国家，指向中华民族”，这就为后续进一步拓展强国内涵提供了空间。简言之，上述关于建成现代化强国的四方面论述，具有这样的内在逻辑：定性→愿景→路径→视野。而关于“贯彻新发展理念是新时代我国发展壮大的必由之路”的重大论断，则主要有两个关键点：第一点，我国发展壮大的过程，本质上是全面建设社会主义现代化国家的过程；第二点，贯彻新发展理念，是建设现代化强国的必由之路。这里的第一点强调的是，建成强国是一个历史过程，需要按照规律步步推进；第二点强调的是，贯彻新发展理念是必由之路，走这条路是由客观必然性决定的。两个关键点的有机结合，意味着在中国式现代化强国建设实践中，贯彻新发展理念是客观要求，是中国共产党对现代化实践的一种规律性认识。

实现复兴是历史目标，主要体现在“两步走”的战略谋划和“全面建成社会主义现代化强国”的全面部署上。从“两步走”的战略谋划看，党的十九大报告描绘了全面建设社会主义现代化国家的宏伟蓝图，提出了“两步走”战略，即 15 年一步，到 2035 年基本实现现代化，到 2050 年建成社会主义现代化强国。在这一基础上，党的二十大报告对全面建成社会主义现代化强国作出进一步战略谋划，提出了 2035 年我国发展的总体目标：经济实力、科技实力、综合国力大幅跃升，人均国内生产总值迈上新的大台阶；实现高水平科技自立自强；基本实现国家治理体系和治理能力现代化；人的全面发展、全体人民共同富裕取得更为明显的实质性进展等。可以说，“三力一值”（经济实力、科技实力、综合国力和人均国内生产总值）、科技自立自强、国家治理现代化、人的全面发展、全体人民共同富裕等，是在经济、科技、上层建筑和人的发展等核心要素叠加融合的布局上，对基本实现现代化进行了战略谋划。从全面建成社会主义现代化强国的全面部署看，党的二十大报告从第三部分起到第十五部分，从中国式现代化战略部署和总体安排开始，分别围绕“五位一体”总体布局、“四个全面”战略布局，从治党治国治军、内政外交国防、改革发展稳定等十二个方面进行全面部署。不仅如此，党的二十大报告还明确指出，未来五年是全面建设社会主义现代化国家开局起步的关键时期，特别强调“教育、科技、人才是全面建设社会主义现代化国家的基础性、战略性支撑”“全面依法治国是国家治理的一场深刻革命”“国家安全是民族复兴的根基”。可以说，突出强调这三方面内容，充分彰显了中国共产党抓关键、补短板、防风险的战略自觉和战略考量。

人类进步、世界大同、人类现代化和人类文明新形态是归宿目标，集中体现在中国式现代化的本质要求和中国共产党的天下思维与天下观上。中国式现代化的本质要求，从内容上看，共九条，分三个维度：总体性维度，即坚持中国共产党领导，坚持中国特色社会主义；“五位一体”维度，即实现高质量发展，发展全过程人民民主，丰富人民精神世界，实现全体人民共同富裕，促进人与自然和谐共生；共同体维度，即推动构建人类命运共同体，创造人类文明新形态。其中，为人类谋进步、为世界谋大同、为人类实现现代化提供新选择、创造人类文明新形态属目标设置。党的二十大报告提出“六个必须坚持”，本质上是习近平新时代中国特色社会主义思想的世界观和方法论，也是中国式现代化的哲学基础，其中蕴含中国共产党的天下思维和天下观。首先，坚持人民至上，强调的是根本立场。当今世界处于“商品经济”历史阶段，商品背后的“人”分化为劳动者（无产阶级）和资本者（资产阶级）；在这种背景下，人民至上就是劳动者至上，体现的是中国共产党对劳动逻辑的自觉选择，也体现了党的根本立场。其次，坚持自信自立，强调的是历史发展的立足基点。在历史发展中，中国共产党人和中国人民要把发展的命运牢牢掌握在自己手中；中国的问题必须从中国基本国情出发，由中国人自己来解答。从人民至上和自信自立可见，中国共产党具有一种天下视野，即采用经由“自然经济历史时期”到“商品经济历史时期”再到“产品经济历史时期”的大历史观，选择劳动逻辑，强调主体性。质言之，大历史观、劳动逻辑、主体性，体现的是世界眼光、历史视野、主体自觉三者的有机融合。基于这种融合观察世界，形成天下一家的观念，构成了天下观和天下思维的核心要义。最后，坚持胸怀天下，需要具有世界眼光，亦即天下胸怀，这既是一种天下观，同时也是一种天下思维。

综合以上关于“建成强国→实现复兴→人类进步、世界大同、人类现代化→人类文明新形态”的论述，可以对中国式现代化的强国逻辑作如下概括：一是在实践上，建成强国是立足点，是起点；人类大同、人类现代化、人类文明是归宿，是归宿性指向；实现复兴是连接二者的历史关节，三者具有内在关联。二是在“中国—世界”大视野中，现代化强国的建成意味着中华民族伟大复兴的实现；中华民族伟大复兴的实现意味着在全球现代化进程中，中华民族将为人类作出更大贡献。“世界好，中国才能好；中国好，世界才更好。”[①] 三是在“过去—未来”历史维度上，中国共产党一直致力于为中国人民谋幸福、为中华民族谋复兴，也一直致力于为人类谋进步、为世界谋大同。天下为公，人间正道，这是中国共产党具有历史自信的最大底气所在，也是党长期执政、

① 《习近平著作选读》第一卷，人民出版社 2023 年版，第 569 页。

团结带领人民继续前进的最大底气所在。

（二）强国逻辑的现实指称：国家强大、中华民族为人类作出更大贡献、科学社会主义在21世纪的中国焕发出强大生机活力

从深层次看，“建成强国→实现复兴→人类进步、世界大同、人类现代化→人类文明新形态”的强国逻辑，内含着这样的结构，即“国家强大进程→中华民族现代化进程→21世纪科学社会主义世界化进程”。因此，我们可以在此基础上分析中国式现代化的强国逻辑的现实指称。

从国家强大进程看，中国式现代化的强国逻辑包含了“逻辑起点、现实基点、目标要点”三个要素，表明强国实践具有逻辑自洽性和合规律性。党的十九大报告提出“三个意味着”，其基本内涵是：中华民族迎来了“从站起来、富起来到强起来”的伟大飞跃，21世纪科学社会主义聚焦到“中国特色社会主义”，中国特色社会主义拓展了发展中国家走向现代化的途径。可以说，中华民族“从站起来、富起来到强起来”这一发展趋势是新时代我国发展的起始点，实现“强起来”是新时代中国特色社会主义的逻辑起点。新时代十年来，我们经历了三件大事，取得了十六个方面的重大成就；新时代十年的伟大变革“在党史、新中国史、改革开放史、社会主义发展史、中华民族发展史上具有里程碑意义”。在三件大事中，完成脱贫攻坚、全面建成小康社会的历史任务，意味着建成社会主义现代化强国已经具备了坚实的物质基

础，具有特殊重要的意义。这是新时代新征程上，中国共产党引领亿万人民为全面建设社会主义现代化国家、全面推进中华民族伟大复兴而团结奋斗的现实基点。党的二十大报告还提出强国的目标愿景，即全面建成社会主义现代化强国、实现第二个百年奋斗目标。其中，全面建成社会主义现代化强国，到新中国成立100年时建成富强民主文明和谐美丽的社会主义现代化强国，构成强国目标要点。简言之，党的十九大提出了强国逻辑起点，新时代十年的伟大变革奠定了强大物质基础，党的二十大提出了强国目标和愿景，三者有机结合，构成了强国的逻辑起点、现实基点和目标要点。这表明，历史发展到今天，强国逻辑本身已经构成完整的链条，达成了逻辑自洽，这就为全面建成社会主义现代化强国的实践提供了科学依据。

从实现现代化的历史进程看，中国共产党对实现现代化的认识经历了一个不断深化的过程，呈现出包含“艰难探索、历史自觉、不可逆转、乘势而上、强势而为”五个环节的发展脉络，预示着今天我国发展已经进入新的战略阶段。党的十九届六中全会决议指出：“党的百年奋斗开辟了实现中华民族伟大复兴的正确道路”“用几十年时间就走完发达国家几百年走过的工业化历程”“创造了人类文明新形态，拓展了发展中国家走向现代化的途径”。[①] 党的二十大报告进一步阐释了中国式现代化的五个中国特色，同时提出中国式现代化的“九条本质要求”和推进中国式现代化必须牢牢把握的“五个重大原则”，明确了中国式现代化

① 《中共中央关于党的百年奋斗重大成就和历史经验的决议》，人民出版社2021年版，第62、63、64页。

的科学内涵、目标愿景（实践要求）和根本遵循，标志着党对中国式现代化的认识达到新的高度。这表明，中国人追求现代化的进程经历了近代以来的艰难探索、中国共产党的历史自觉和新时代以来不可逆转的阶段，以中国式现代化全面推进中华民族伟大复兴已经成为中国共产党人一种合乎规律的认识，党领导人民从事的现代化事业进入“具有主体自觉和发挥历史主动”的新阶段。可以预见，新时代新征程上，基于党的二十大开启的五年的乘势而上，中国实现现代化的历史进程一定会呈现出放眼世界、强势而为的态势。换言之，中国实现现代化的进程将展示出一种“艰难探索、历史自觉、不可逆转、乘势而上、强势而为”的总体走向。中华民族伟大复兴取得历史性成就，既进入了不可逆转的历史进程，也进入了乘势而上、确保中华民族伟大复兴不被迟滞甚至打断的关键时期，我国发展面临新的战略阶段。

从世界社会主义发展进程看，强国逻辑包含了“中国—世界”“世界怎么了、我们怎么办”的天下思维和天下观，具有世界观和方法论意义。从哲学高度对时代之变作出合规律性和合目的性的回应，需要一种新世界观和新方法论。新世界观，就是在坚持历史唯物主义的基础上，立足当今时代新的历史境遇，提供一种观察世界的框架；新方法论，就是在坚持辩证唯物主义的基础上，有效应对时代之变，提供“怎么办”的认知方式。党的十九届六中全会审议通过的《中共中央关于党的百年奋斗重大成就和历史经验的决议》，强调“党和人民事业是人类进步事业的重要组成部分”，体现出“中国—世界”的广阔视野，即立足中国、着眼世界、胸怀人类。可以说，这体现了结合中华优秀传统文化精华并继承马克思主义人类解放之精髓的天下思维和天下观。该决议明确向世界宣示："党既为中国人民谋幸福、为中华民族谋复兴，也为人类谋进步、为世界谋大同，以自强不息的奋斗深刻改变了世界发展的趋势和格局。"[①]这表明，中国共产党人紧紧围绕"世界怎么了、我们怎么办"这一重大时代课题进行了深入的理性思考。应该说，上述关于"四为四谋"的重大论断，形成了一种世界眼光、全球视野和天下胸怀，新世界观和新方法论已经呼之欲出。党的二十大报告提出"继续推进实践基础上的理论创新，首先要把握好新时代中国特色社会主义思想的世界观和方法论，坚持好、运用好贯穿其中的立场观点方法"[②]，并提出坚持人民至上、坚持自信自立、坚持守正创新、坚持问题导向、坚持系统观念、坚持胸怀天下。至此，"六个坚持"以其"本源性即根本立场、立足基点（人民至上 + 自信自立）、方法性（守正创新 + 问题导向 + 系统观念）、世界性（胸怀天下）"的基本内涵和总体框架，完成了对新时代新征程上新世界观和新方法论的建构。在这个意义上，习近平新时代中国特色社会主义思想的世界观和方法论为中国式现代化的强国逻辑提供了强大的哲学支撑。

综合以上分析，可以这样概括中国式现代化的强国逻辑：一是在结构上，它形成了"逻辑起点、现实基点和目标要点"要素框架，其本身具有逻辑的自洽性，为强国实践提供了科学支撑。二是在趋势上，它包含了"艰难探索、历史自觉、不可逆转、乘

① 《中共中央关于党的百年奋斗重大成就和历史经验的决议》，人民出版社 2021 年版，第 64 页。
② 《习近平著作选读》第一卷，人民出版社 2023 年版，第 16 页。

势而上、强势而为”的发展环节，预示着强国实践将迎来强势而为的新阶段。中国式现代化将深刻影响全球现代化进程，这是大势所趋，不可阻挡。中华民族也必将为人类作出新的更大的贡献。三是在世界观和方法论上，它秉持“中国—世界”“世界怎么了、我们怎么办”的天下思维和天下观，贯穿着习近平新时代中国特色社会主义思想的立场观点方法。

（三）强国逻辑的历史意蕴：世界科学中心的转移与21世纪马克思主义的崛起

全面把握中国式现代化的强国逻辑，除了分析其现实指称，还要考虑其解释语境，即它是在什么样的历史境遇中提出来的，应该在什么样的历史语境中去理解。

从历史境遇上看，中国式现代化的强国逻辑的生成具有理论和实践两个层面的背景。在理论上，建成强国是发生在人类商品经济历史阶段的重大历史事件，商品经济的内在规定性是强国逻辑得以生成的底层支撑。在实践上，植根于全球科学中心发生转移这一基本历史大势，“世界科学中心从欧美转向亚洲 ”这一宏观走向是强国实践的现实背景。

首先，关于商品经济的基本规定性以及基于这种规定性的强国逻辑的演进趋势。马克思在《资本论》第一卷中指出：“资本主义生产方式占统治地位的社会的财富，表现为‘庞大的商品堆积’，单个的商品表现为这种财富的元素形式。因此，我们的研究就从分析商品开始。”[①] 历史地看，人类社会从自然经济历史阶段进入商品经济历史阶段，商品交换成为主导的交换方式。商品交换的背后事实上存在两种类型的人：一种是拥有生产资料的人，即资产者；另一种是没有生产资料的人，即劳动者或无产者。人类社会之所以形成这样的分化，根源于商品交换的内在规定性。具体说来，在商品交换中隐藏着两个内在要求：一是人必须通过交换才能生存发展；二是人在交换中只有两种诉诸交换的元素，即身外之物（生产资料、劳动产品等）和身内之物（体力、脑力）。上述要求决定了具体的商品交换过程中人们之间的生产关系和社会关系，并进而决定了相应的社会结构体系。一般来说，拥有身外之物的人，会优先选择用身外之物进行交换。这种外部性交换的优先性，是资本最本源的属性。通俗地说，资本归根究底是用身外之物与他人进行交换。在此基础上，拥有身外之物的人就是资产者，进而发展为资产阶级。该阶级强调资本优先、资本至上，奉行资本主义，这就是资本的逻辑。没有身外之物而只有身内之物的人，当然只能“优先”用身内之物进行交换。这种只能用身内之物进行交换（出卖劳动力商品）的内部交换性，是劳动最本源的属性。具有这种交换性的人，就是劳动者或无产者，进而形成无产阶级。该阶级强调劳动优先、劳动至上，追求的是社会主义和共产主义，这就是劳动逻辑的要义。由此可见，在商品经济历史阶段，商品经济具有两个基本规定性：一是在共时性上，该阶段存在两种核心逻辑即资本逻辑和劳动

① 《马克思恩格斯选集》第二卷，人民出版社 2012 年版，第 95 页。

逻辑，前者选择资本主义发展道路，后者选择社会主义发展道路；二者之间的博弈是一种“非此即彼”的二选一模式，即在全球现代化实践中，每个国家或者选择资本主导的逻辑，或者选择劳动主导的逻辑，没有第三种选项。二是在历时性上，两种逻辑都依存于商品交换，只要商品交换存在，资本和劳动的矛盾就存在，只有随着商品交换的消失，二者的博弈才会终结。在这个意义上，资本和劳动的对立统一具有历史性，即它因商品交换的产生而产生，伴随其存在而存在，也将因商品交换的消失而消失。基于此，可以得出如下结论：第一，强国逻辑在本质上属于劳动逻辑体系，在实践上属于 21 世纪科学社会主义序列。资本和劳动之间“非此即彼”的博弈意味着，随着劳动逻辑的上升，资本逻辑必然下降，“东升西降”是商品经济自身逻辑演进的必然走向。第二，随着中国现代化强国的建成，因其现代化的特殊性，特别是基于 14 亿多人口的规模效应及巨大影响，中国式现代化将会深刻改变全球现代化进程，科学社会主义在 21 世纪的中国焕发出更加强大的生机和活力。一则是“东升西降”的大势所趋，一则是中国式现代化对全球现代化的积极影响，可以说，当代中国马克思主义、21 世纪马克思主义在商品经济历史进程中的崛起，具有逻辑必然性。

其次，关于“世界科学中心从欧美转向亚洲”的宏观走向以及基于这一走向的强国逻辑的实践效应。逻辑是实践的内生源，理论是行动的先导。把握好强国实践的内在逻辑，可以使现代化强国实践更合规律性，使我们进一步增强建成现代化强国的信心。回答好时代问题，回应好人民诉求，才能够获得人民的支持，经得起历史的检验。百年变局和世纪疫情相互交织，世界进入新的动荡变革期，世界和平与发展面临严峻挑战，外部环境更加不稳定、不确定，我国发展面临新的战略环境。如何认识和对待这一战略环境？辩证唯物主义的基本原则是要抓住主要矛盾和矛盾的主要方面。百年变局，变量很多。从结构上看，涉及格局、利益、关系和力量，但核心是总体性和全局性之变。从总体性和全局性来看，百年变局，核心是世界力量中心之变。如何变？关键点是世界科学中心在变。回顾历史，从 16 世纪至 20 世纪，世界科学中心发生了五次大的转移，先后在意大利（1540—1610 年）、英国（1660—1730 年）、法国（1770—1830 年）、德国（1810—1920 年）、美国（1920 年至今），转移周期大约为 80 年。如今光子时代，世界科学中心正在经历第六次转移。那么，它会向什么方向转移？从现状看，当前突出的特征是，没有一个国家占据总体的主导地位，中国、美国和欧盟都在少数几个领域处于领先地位。这意味着世界力量结构正处在调整过程中，呈现出多极性分散态势。研究表明，20 世纪世界科学中心主要集中在欧美发达国家，但呈现向亚洲和太平洋地区加速转移的趋势。21 世纪以来，日本科技实力日渐突出，中国、巴西、印度、土耳其等新兴国家和经济体科技研发支出快速增长，在全球的研发份额中占到较高比例，技术创新能力明显增强，已经成为科技创新的高度活跃地区，并对世界科技创新作出越来越大的贡献。这表明，世界科学中心从欧美转向亚洲的趋势初显端倪。党的二十大报告指出，新时代十年，我们加快推进科技自立自强，全社会研发经费支出居世界第二位，研发人员总量居世界首位；基础研究和原始创新不断加强，一些关键核心技术实现突破，进入创新型国家行列。[①]这意味着，在世界科学中心转移的趋势中，中国具有重要影响力。可以说，在世界科学中心正在经历的第六次转移的大变革中，中国科学发展将会走近舞台中央。在这个意义上讲，中国国际地位和影响将会大幅提升，基于强国实践的 21 世纪马克思主义将充分展现其影响力和引领力，促进世界社会主义的振兴发展。

综上所述可以认为：第一，党的二十大报告体现了鲜明的中国式现代化的强国逻辑。其基本内容包括“全面建成社会主义现代化强国→实现中华民族伟大复兴→为人类谋进步、为世界谋大同、为人类实现现代化提供新选择→创造人类文明新形态”四个层次，层层递进，形成一种梯次结构。第二，在现实指向上，中国式现代化的强国逻辑指向国家强大，意味着随着现代化强国的建成，中华民族将为人类作出更大贡献。第三，从深层次上看，在当今时代，“东升西降”的历史演进是商品经济自身逻辑演进的必然结果，当代中国马克思主义、21 世纪马克思主义必将在商品经济历史进程中崛起，这是人类历史发展的大势。可以预见，随着社会主义现代化强国的全面建成，当代中国马克思主义、21 世纪马克思主义的影响力和引领力将会更加彰显，届时，对“天下文明”“世界大同”的理念将会有更多的共识。当然，这需要一个历史过程，甚至是充满挑战的历史过程，但规律上的必然使我们信心百倍，实践上的艰难使我们勇毅前行。

① 参见《习近平著作选读》第一卷，人民出版社 2023 年版，第 7 页。

第三章

中国式现代化
开创人类文明新形态

近代以来的人文社会科学的学术问题，很多是围绕现代化、人类文明和人类命运问题展开的。“西方中心论”理论体系和话语体系是如何建构的？如何理解中国式现代化、人类文明新形态和人类命运共同体及其内在逻辑？“西方中心论”理论体系和话语体系本质上是从对现代化和文明的解释开始的。中国式现代化是新时代我们党全部理论和实践的立足点，是人类文明新形态的本源和生成基础，中国式现代化可开创出人类文明新形态，人类文明新形态是构建人类命运共同体的人文基础，三者是递进且彼此理解的逻辑关系。中国式现代化的理论体系和话语体系可基于这三者的逻辑关系建构起来。

一、在世界现代化进程中开创中国式现代化

现代化与现代性密切相关而又有区别。现代化是现代社会的客观社会历史运动，是现代性问题的社会历史背景，侧重于“历

史维度”及其描述性，相对强调历史发展的连续性，主要是“历史学话语叙事”，是历史过程概念；现代性则是对现代化发展历程的根本属性、本质特征、呈现状态、价值理念、深远意义的哲学反思和规范评价，旨在对西方现代社会变迁予以引导，侧重于“价值维度”及其价值评价，相对注重历史发展的断裂性，展示社会的结构转型和文化转型，是“哲学话语叙事”，具有规范性和反思性。可基于现代化发展历程，从现代性维度揭示文艺复兴、启蒙运动开启的西方现代化之旅。

西方现代化主要是从启蒙运动开始的，工业革命和政治民主等是西方开启现代化运动的标志。西方现代化从启蒙现代性开启，之后演进的逻辑，便是从经典现代性经资本现代性批判和反思现代性，走向后现代主义。现代化运动是一种世界潮流，把世界各国卷入其中，实现现代化是世界各国的共同命运。洋务运动是晚清内部部分官僚在“器物”层面的回应；戊戌变法和辛亥革命是资产阶级在“制度”层面的回应；五四新文化运动是先进知识分子在“文化”层面的回应。五四新文化运动表明：解决中国现代化问题之关键，是必须有科学思想引领，必须有强有力的领导组织。罗斯托认为，在现代化起飞阶段，需要“出现一个政治力量强大的团体，它将经济现代化视为严肃、高度有序的政治事务”。

中国共产党围绕“民族复兴”主题，在思想理论上推进马克思主义中国化，把马克思列宁主义基本原理同中国具体实际相结合，拥有先进思想引领；在领导组织上，将马克思列宁主义同中国工人运动相结合产生了中国共产党，具有先进组织领导；在道路问题上建立起马克思主义中国化同中国道路的本质联系，探索解决中国问题、实现民族复兴的中国道路。中国共产党百年奋斗彰显出对实现社会主义现代化的不懈追求，从国家工业化推进到“四个现代化”，经社会主义现代化，到国家治理体系和治理能力现代化，体现了从生产力现代化到社会主义全面现代化，再到国家治理体系和治理能力现代化的历史演进。

多数人认为中国式现代化新道路是相对于西方式现代化道路而言的。这是主要的，但不止于此。中国式现代化新道路的“新”是相对于三方面而言的。

第一，相对于西方式现代化而言的“新”，它为人类实现现代化开辟出一种新的范式。对此，学界基本达成共识。

第二，相对于我国改革开放之初“中国式的现代化道路”而言的与时俱进意义上的“新”。这一点却被一些人忽视了。一些学者认为中国式现代化新道路就是中国式现代化道路，不必突出“新”。其实，这里的“新”确有“新”之特指和意义。改革开放之初，邓小平在比较西方现代化发展成就，总结我国社会主义建设经验教训后提出：“现在搞建设，也要适合中国情况，走出一条中国式的现代化道路。”[①] 习近平总书记讲的“中国式现代化新道路”，是在邓小平提出的“中国式的现代化道路”基础上推进拓展出来的，是明确对接“新时代”的，目标是指向全面建成社会主义现代化强国、全面推进中华民族伟大复兴。这表明我们党对中国式现代化发展道路的探索和实践是逐步深化的。

① 《邓小平文选》第二卷，人民出版社 1994 年版，第 163 页。

第三，相对于中国现代化发展在世界现代化发展进程中的地位而言的“新”。在世界现代化发展进程中，过去我国曾存在邓小平所说的“被开除球籍的危险”；在总结社会主义现代化建设经验教训的基础上，我们在实现现代化问题上具有了中国的自主性，坚定不移走中国特色社会主义道路，这条路走得通、走得稳、走得好，使中国大踏步赶上了时代；中国特色社会主义进入新时代，进一步发展了中国式现代化新道路，拓展了发展中国家走向现代化的途径，为人类实现现代化提供了新的选择，为世界实现现代化开辟了一条具有光明前景的新路。这表明：中国式现代化新道路打破了世界现代化问题上的“话语霸权”，表明中国式现代化新道路在世界现代化发展历程中不断彰显其步步提升的新地位，用学术话语来讲，也就是推进中国实现现代化的“世界性成长”。

一个值得寻味的问题是，中国为什么没有掉入西方现代化模式的强大“旋涡”，却创造出中国式现代化？有三个原因：

第一，中国共产党具有决定性作用，我们党科学处理了普遍和特殊的辩证关系。中国共产党的诞生是马克思主义与中国工人运动相结合的结晶，中国共产党人为改变旧中国接受了马克思主义，马克思主义的内在本质要求把马克思主义基本原理同中国具体实际相结合、同中华优秀传统文化相结合。

第二，近代以来中国历史和实践表明，只有适合中国历史文化传统、基本国情并有助于实现奋斗目标的道路，才能在中国根深叶茂。西方现代化模式不适合中国历史文化传统和基本国情，难以实现我们的奋斗目标，还存在霸权主义等诸多弊端，这正是中国式现代化所避免的。

第三，在新民主主义革命时期，中国深受“三座大山”压迫，导致贫穷落后，历史教训告诫我们，不能沿袭西方现代化模式，必须走自己的路。

二、中国式现代化开创出人类文明新形态

现代化与文明直接且本质相关，当讲到西方现代化时就会直接从本质上讲西方文明。中国式现代化能创造出“人类文明”新形态，具有生成人类文明新形态的基因，是人类文明新形态的生成基础。中国式现代化的根本意义是全面推进中华民族伟大复兴，就世界而言的成果就是创造人类文明新形态，它把“中国式现代化”提升到“人类文明”新高度。

（一）文明观的理论阐释

“文明”是一个较难把握的概念，相关论著有所涉及，如布雷特·鲍登的《文明的帝国——帝国观念的演化》对文明概念及其内涵、起源和意义作了较为详细的语言学、解释学考察。但这些著作对文明并未给出明确界定和确切解释，或是回避文明概念，或是泛化文明概念。沃尔夫·舍费尔指出：“社会学家、人

类学家和历史学家都学会了规避‘文明’一词，并以‘文化’为参照来分析一切问题。”“文明”这个概念有时承载太多的意义，为数众多的社会分析被归入文明范畴，以至于它往往缺失具体的或容易理解的含义。克服国内学者对文明研究的不足，全面深入推进文明研究，对文明概念和文明观给出明确界定、确切解释，是首先要解决的具有重要学术价值的前提性问题。

尽管人们对文明概念未给出明确界定、确切解释，但其基本含义还是清晰的，即文明是整个人类追求发展进步从而走向“真善美”的过程及其积累起来的积极成果。哲学是文明活的灵魂，对文明首先应从哲学上理解，确定其文明观。由于对发展进步与“真善美”的解释不同，存在两种不同的文明观。

一种是侧重于把文明解释为“事实判断”的描述性概念，认为文明即事实，描述的是整个人类发展进步的事实；发展进步是各个国家、民族为改变其现状而向前迈进的自我超越、自我完善、自我发展、自我进步的过程；它具有多样性、包容性、互鉴性、平等性和普惠性，是一种“复数”（多元文明）；对文明的价值判断应建立在“文明事实”的基础上；其哲学基础是“多样统一”“主主平等”的哲学观。

另一种是侧重于把文明解释为“价值判断”的规范性概念，认为文明即价值，强调任何国家、民族都应沿着确定的“同一道路”，朝着确定的具有“同一性的至善至美的理想目标”迈进；具有文明优越感的“高尚民族”站在人类文明发展的制高点上，既具有掌握解释世界如何运转、历史如何进步的话语权，也应当对“野蛮、愚昧的非文明国家、民族”进行“文明开化”，这是“他我”民族、国家裁定，改变“非文明国家、民族”的“教化”过程。这样的文明具有一元性、评判性、改变性和统治性，是具有同一性标准的普遍文明，是“单数”（一元文明）。这种对文明的解释具有意识形态性质，其哲学基础是“主统治客”的哲学范式和线性史观。依据这种文明观，就会认为文明只属于欧洲民族，欧洲之外都处于“蒙昧、野蛮状态”。

本书主张第一种文明观。基于这种对文明和文明观的总体理解，可主要从原体、关系、过程三个维度展开对文明之理论内涵的具体阐释。

从原体维度理解文明，它是具有本源意义的范畴。人是万物的尺度，万物为人而存在才有意义，人是理解一切与人有关的事物和对象的坐标。文明是为整个人类发展进步而存在的，需要以人为坐标或还原到人这个原点来理解本源意义上的文明。从哲学上讲，人作为人的最高最核心的“元”追求，就是“真善美”，“人类对真善美的追求”对理解文明具有本源意义。这样，文明就是针对愚昧、野蛮、丑恶而言的，是整个人类、社会与国家、民族超越愚昧、野蛮、丑恶，对至真至善至美境界的不懈追求及其积累起来的积极成果，这就是人性的进步，即对人之愚昧的开化（真），对人之野蛮的规制（善），对人性之丑恶的教化（美），进而推动整个人类、社会与国家、民族的历史进步。基佐强调，文明的基本含义就是事物的发展进步过程，包括人的发展和社会的发展，文明的根源是秩序的必要性。亨廷顿认为，文明的概念由 18 世纪法国思想家相对于“野蛮状态”提出，文明化人为善，非文明化人为恶。就此而言，文明的本质是“化人为善”并“利他（它）”，它注重集体、德性（善）、仁和，实质是构建基于“主主平等、和合普惠”的秩序。这种文明之结果，是自我完善、民为邦本、天下为公、世界大同、协和共生、普惠共赢。文明与否的根本评判标准，要看是否有利于促进人性进步及其所推进的人的发展（包括类、群体、个人）、世界各国或民族的发展；是促使前进且使人得到自我完善，还是促使倒退且引人走上邪恶。亚里士多德说，美好的生活是文明的终点或目的。斯宾塞强调，文明可看作充分展现所有人个性所需的人与社会构成方面取得的进步。伯里也指出，文明是人们最终将享受一种普遍幸福的状态，而这将证明整个文明进程的合理性。文明从“根”和“元”的意义上描述的是整个人类“化人为善”的利他性发展进步的客观事实。

从关系维度理解文明，它具有关系规定，需要在与文化的关系中加以理解。这里着重谈文明与文化的区别。其中一个重要区别在于：文化相对于未经人的活动外化的原始“自然”，侧重于人和物的关系框架中的“人化”事物（人的内在本质力量的对象化），也相对注重“做事”“理性”“知识”“技艺”框架中的“外化于物”和“人化为物”；文明则相对于未经开化的“野蛮”“丑恶”，侧重于人和人的关系框架中的“化人”即使人成其为人的积极成果，相对注重“做人”“德性”“善治”框架中的“内化于人”“化人为善”“德行天下”的进步过程，是人类“开化”性的自我约束、自我完善、自我进步。

从过程维度理解文明，它具有过程规定。从哲学理解文明发展过程，侧重于人类交往范式的变迁，即由前资本主义社会“主客混体”的文明范式，经资本主义工业社会“主客二分”的文明范式，再走向社会主义社会、共产主义社会基于“每个人自由全面发展”的“主主平等”的文明范式。

（二）西方式现代化对人类新文明的迟滞

西方式现代化以理性、自由、资本为主导，以“西方中心论”为支柱，生长出西方资本型文化、单向度文化、殖民扩张式文化。应当肯定，西方文化对推进人类进步和人类文明在一定程度上具有重要历史贡献。然而，正是基于这种贡献，西方国家在西方文化演进中，却逐渐将其转化为帝国“文明”，并建构起“西方中心论”的理论体系和话语体系；在这种建构中，蕴含着使帝国“文明”异化为野蛮的基因和逻辑。“西方中心论”理论体系和话语体系的逻辑起点是西方现代化道路，其建构逻辑包括步步递进的几个环节。

线性道路——强调西方现代化道路及其现代性具有强烈的历史意识和时间意识，内蕴历史的连续性、进步性与时间的不可逆性，以及历史发展道路的单线性；通过宗教批判削弱教会权威获得解放，通过政治批判削弱贵族和君主权威获得解放，通过经济学批判确立了市民社会中平民的地位，一些平民通过从事工商业且拥有土地等私有财产后成为资本家，资本家经营需要市场、自由，资本家之间需要平等相处且维护私有财产，由此要求民主；认为西方现代化道路蕴含的理性和解放、自由和民主、工业和市场、市民社会和个人利益等，是现代化历史和文明历史上最大的进步，西方现代化道路及其蕴含的文明观具有唯一性、标准性和普遍性，因而把“西方现代化道路”解释成“世界现代化的唯一道路”，把“地域文明”解释成“普遍文明”，否认后发国家之道路和文明的独特性，强调后发国家需完全遵循西方设定的“现代化道路”和“文明模式”。马泰·卡林内斯库说：“只有在一种特定的时间意识，即线性、不可逆的、无法阻止地流逝的历史性时间意识的框架中，现代性这个概念才能被构想出来。”这实质上是推崇线性历史进步观和唯“西”世界史观，是“西方中心论”的“道路存在”。

单数文明——西方文明是建立在以理性和解放、自由和民主、工业和市场、市民社会和个人利益为核心理念的线性历史进步观和“西方中心论”世界史观基础上的，后者是西方文明的立足点。西方坚持“单数”（一元）文明观，常常罔顾事实，把它作为单一主体来解释文明，把他们所解释的文明当作最高的、绝对的“唯一”，其实质是“西方中心论”的帝国“文明”观，具有把“文明”异化为野蛮的逻辑和基因，是“西方中心论”的“文明存在”。

天赋人权——为把理性和解放、自由和民主、工业和市场释为世界文明史上的最大进步，并进一步为此提供人性论证，强调人之实体是个人；实体个人的本性就是追求个人为我的物质利益与自由、民主，这是天赋人权，符合自然秩序，也最符合人性，私有财产神圣不可侵犯；个人作为实体性、主体性的为我存在，在追求物质财富中，在私有财产占有中能找到自我价值，因而应确立为我的物质利益与个人自由、民主的至高无上性。于是，关于人的本性是“自私”“自保”等理论就纷纷出场。这可称为“天赋人权观”，是“西方中心论”的“人性存在”。

社会进化——认为自由民主是普遍适用的治理原则，西方现代性模式作为文明理念，需全面贯彻到社会领域和世俗化进程中。在工业化过程中，经济领域是自由市场经济（或资本）的存在及主导；政治领域是世俗政治权力的确立及其合法化及民主的存在；文化领域是宗教的衰微与功利、自由文化的兴起；社会领域是世俗化、城市化。这可称为“社会进化观”，是“西方中心论”的“社会存在”。

理性标准——“西方中心论”强调的个人主体性、自由、民主都要聚焦到理性上，认为理性是统一社会模式和秩序的维护者，缺乏理性，其他都无从实现；强调理性是最高尺度，一切都要到理性的审判台加以评判。理性具有本质性、逻辑性、同一性、唯一性、普遍性、至上性、永恒性、绝对性、主体性、否定性，西方国家可依据理性制定具有控制世界最高权力的“世界标准”，如现代性标准、人权标准、价值标准等，应当用这些世界标准裁量其他国家和民族，非西方国家、民族唯有实行西方文明模式才能实现现代化。这是把现代化、文明化等于西方化，这可称为“理性尺度观”，是“西方中心论”的“理性存在”。

开化使命——否定非西方国家、民族的文明，认为西方文明就是世界最先进的文明，具有普遍性，非西方国家、民族要么蒙昧，要么野蛮，要么半开化，西方世界需要行使上帝旨意的“文明开化使命”，如输出“普世价值”，实行殖民扩张，甚至诉诸暴力，引起战端，认为这些具有合法性即“正当性”。“文明开化”一直是欧洲国家殖民体系扩张的首选武器，数个世纪以来，西方一直狂妄自大，用“文明”和“野蛮”等强制性话语来为自身帝国式的“文明开化”辩护。这可称为“开化使命观”，是“西方中心论”的“合法存在”。

美丽神话——西方的“自由民主”“单数文明”“民族优越”“西方中心”“唯西独尊”“天赋人权”“资本主导”“理性尺度”“世界主宰”“开化使命”等，一定意义上蕴含着利己、对立、扩张和冲突的基因，由此西方的帝国“文明”已异化为“野蛮”。为遮蔽这种“野蛮”，诸多“美丽神话”被制造出来，为“西方中心论”提供意识形态辩护，即把自己的利益说成普遍的利益，认为西方所做的一切都是世界上最文明的，其所作所为都是在行使“文明开化使命”，是为了普遍的利益。这可称为“意识形态神话观”，是“西方中心论”的“意识形态存在”。

哲学唯“一”——它们进一步为“西方中心论”提供哲学根基。从古希腊哲学到德国古典哲学，都注重用思维法则为现实物质世界建构“同质性”的秩序，确定作为最后本源、最高权威、最高目的的形而上学的最高的“一”，用“一”解释“多”，这就是近代西方哲学所强调的“万能理性”或“绝对精神”，认为它具有最高的“普遍性”，是同化“多”的最高的“同一性”、主宰“多”的最权威的“主宰者”，是统治现实世界的绝对的“终极存在”，具有操控一切并使一切发生变化的魔力，决定着社会生活的基本面貌，主导着现实物质世界。其实质，就是证明“同一性”的目的和意义。“同一性思维”的特质，就是强调一高于多、独断高于宽容、独白高于对话、强力高于平等、控制高于自由、专制高于民主，因而，西方传统的理性形而上学大都是为“西方中心论”做哲学论证的。这可称为唯“一”哲学观或理性形而上学世界观，是“西方中心论”的“哲学存在”。

以上几个环节的总逻辑：把世界唯“西”化→把西方唯“一”化→把唯一“统一”化→把统一“统治”化→把统治神话美化→若不服从统治就“围堵打压”。其实质就是：把进步化为中心→把特殊说成普遍→把西方当成世界→把文化等同文明→把现代化等同于西方化，这就是西方所谓的“基于规则的秩序”。由上可见，以近代西方工业化、市场化、资本化为基石，以理性和解放、自由和民主、市民社会和个人利益为核心理念的西方式现代化从基因上只能内生出“物化文化”“资本型文化”“单向度文化”“殖民扩张式文化”，这种“文化”在结果上因注重绝对一元又内生出为我、单赢、掠夺、扩张、冲突和暴力，并异化为“野蛮”，最后就是“以恶护恶”。对此，威廉斯提出，欧洲殖民国家和殖民扩张的衍生国家背后都有一个中心思想作支撑，即西方世界的文明、知识比非西方民族优越。这种优越感让西方世界产生“救赎”的使命感，一厢情愿地将自我理解的事实强加给非西方民族。斯塔罗宾指出，一旦文明一词不再表示有待判断的事实，而成为一种颠扑不破的价值，它就把以文明之名要求做出至高牺牲变成一件合情合理的事情。这意味着在某些情况下促进文明或捍卫文明可以诉诸暴力的理由。于是，就出现了某些所谓“文明的”民族或国家时常以“文明”之名对所谓“不文明的”民族或国家采取极端措施，做出令人发指之事，如殖民扩张。而这，在结果及其实质上就是反文明的野蛮，是远离“至善”的恶。

三、中国式现代化内生人类文明新形态

现代文明发源于现代化进程，中国式现代化的世界意义就是创造人类文明新形态这样一种文明范式。从哲学上讲，这意味着需要把中国式现代化提升到人类文明新形态层面加以探究。中国特色社会主义扬弃传统中西文明，所创造的中国式现代化能内生人类文明新形态。

首先，中国式现代化体现了人类文明演进的一般规律，具有历史逻辑。其中具有总体性的规律，就是马克思讲的人的发展“三形态”，即在前资本主义社会，人的发展呈现为“人的依赖关系”；在资本主义社会，人的发展呈现为“以物的依赖性为基础的人的独立性”；在未来理想社会，人的发展呈现为社会生产力全面发展和人的全面发展基础上的“自由个性”。马克思毕生批判资本主义社会的总问题，即资本占有劳动并控制社会的逻辑，追求实现人类解放、无产阶级解放和每个人自由全面发展。这一总问题既涉及社会主义文明取代资本主义文明的历史必然性，也是不同历史时期马克思主义者致力于解决的带有规律性的问题——人类文明的走向。马克思从理论上为解决这一问题提供了根本路径，但仍需要后人从实践上破解。中国特色社会主义进入新时代，我们党致力于从总体和实践上破解这一问题，这主要

是通过创造中国式现代化实现的。中国式现代化既超越了中华传统以家庭伦理为基点的伦理型文明，也超越了西方立足于市民社会的“物的依赖性”的“资本文明”，开创了立足于社会生产力全面发展和人的全面发展的社会主义的“人本文明”。

其次，中国式现代化是开创人类文明新形态的基础，具有现实逻辑。习近平总书记指出：“我们坚持和发展中国特色社会主义，推动物质文明、政治文明、精神文明、社会文明、生态文明协调发展，创造了中国式现代化新道路，创造了人类文明新形态。”[①]这段重要论述的文本逻辑是：坚持和发展中国特色社会主义→物质文明、政治文明、精神文明、社会文明、生态文明协调发展→创造中国式现代化新道路，创造人类文明新形态。这实际上体现的是“因果关系”的现实逻辑：坚持和发展中国特色社会主义的创新成果就是成功推进和拓展了中国式现代化→中国式现代化推动着物质文明、政治文明、精神文明、社会文明、生态文明协调发展→推动物质文明、政治文明、精神文明、社会文明、生态文明协调发展，便直接创造了人类文明新形态。这里，中国式现代化具有内生人类文明新形态的基因，不宜离开中国现代化进程来谈论人类文明新形态。之后，习近平总书记所讲的中国式现代化五个中国特色，从哲理来讲，也超越了以“主客二分”为哲学范式的所谓“资本文明”，确立了以“主主平等、和合普惠”为哲学范式的新文明。

最后，现代化发展从根本上讲就是人类文明形态演进的过程，

① 习近平：《在庆祝中国共产党成立100周年大会上的讲话》，人民出版社2021年版，第13—14页。

是文明发展和转型的过程，具有生成逻辑。从学理上讲，中国式现代化是人类文明新形态的一种实现方式。一般通过特殊实现，特殊蕴含一般。走向人类新文明的方式是多样的，中国式现代化可理解为创造人类文明新形态的中国方式，对走向人类新文明能作出具有世界意义的贡献，甚至一定意义上引领人类新文明的走向。基于学理分析，中国式现代化能创造具有世界意义和人类文明意义的中国特色社会主义的“民本文明”。上面所讲的文明，从应然正在走向实然的意义上，在本质上超越了资本主义文明形态，充分彰显了人类文明新元素，属于人类文明新形态。

四、中国式现代化
为创造人类文明新形态作出了独特贡献

从哲学维度讲，中国式现代化创造了以“主主平等、和合普惠”为哲学范式的多元共赢文明，区别于西方那种一元主导文明。中国式现代化的哲学基础是坚持“多样统一”“主主平等、和合普惠”，强调世界现代化和人类文明的多样性、独特性、平等性、普惠性，强调世界各国要遵循现代化发展和人类文明发展一般规律，注重世界各国在现代化道路选择和人类文明发展问题上的平等性和互鉴性。这是人类文明新形态在哲学范式上的体现，关乎人类存在和交往的方式，属于本源性的人类文明新形态。

从历史维度讲，中国式现代化创造了以新发展理念为指导原则来全面建成社会主义现代化强国，进而注重物质文明、政治文明、精神文明、社会文明、生态文明相协调的全要素文明，即以实现高质量发展为核心的物质文明、以发展全过程人民民主为核心的政治文明、以丰富人民精神世界为核心的精神文明、以实现全体人民共同富裕为核心的社会文明、以促进人与自然和谐共生为核心的生态文明，它区别于西方工业化进程中那种物质主义膨胀的单向度文明。这是人类文明新形态在历史维度上体现出的全要素文明。

从关系维度讲，中国式现代化创造了坚持人民至上的民本文明。它区别于资本主义社会资本至上、两极分化的资本文明。这是人类文明新形态在关系维度上体现出的社会主义民本文明。

从空间维度讲，中国式现代化创造了坚持走和平发展道路，高举和平、发展、合作、共赢旗帜，携手共建人类命运共同体的类本文明（人类和合文明），区别于“西方中心论”、狭隘民族主义、殖民扩张的地域性文明。中国式现代化是中国在与世界交织互动中开创出来的，也会进一步推动中国与世界的交织互动，能彰显出人类文明元素。当今世界正经历百年未有之大变局，也遭遇前所未有的困境。习近平总书记为寻求人类发展的未来之路，坚持走和平发展道路，秉持构建人类命运共同体理念。话语的背后是道理。从道理学理哲理来讲，它可以看作以人类为主体，以世界多样性统一为现实根基，以坚持系统观念、坚持胸怀天下为世界观和方法论，以和平、发展、公平、正义、民主、自由为全人类共同价值，以建设利益共同体、价值共同体、安全共同体、合作共同体等为核心内容，着力建设以构建人类命运共同体为标识的类本文明。这是人类文明新形态在空间维度或人类维度上的体现。

人类文明新形态可为构建人类命运共同体提供人文基础。人类文明新形态的实践诉求是构建人类命运共同体，后者是人类文明新形态的总体实践形式。西方式现代化以一元主导文明观为根基的“文明冲突论”与人类命运共同体理念是相悖的，缺乏构建人类命运共同体的文明根基；人类文明新形态注重不同文明的多样统一、平等相待、包容交流、互学互鉴，既为构建人类命运共同体提供了前提，又为推动构建人类命运共同体注入了动力，也增强了世界各国构建人类命运共同体的责任担当。

人类文明新形态注重的“人类”“共同性”“共同体”是构建人类命运共同体的人文基础。习近平总书记明确把文明交流互鉴看作构建人类命运共同体的人文基础：“文明因多样而交流，因交流而互鉴，因互鉴而发展。我们要加强世界上不同国家、不同民族、不同文化的交流互鉴，夯实共建亚洲命运共同体、人类命运共同体的人文基础。”①

第一，人类文明新形态与人类发展进步本质相关，与人类命运直接相连，与人类共同体息息相通，适合整个人类共用，为构建人类命运共同体奠定了“人类”基础。作为“事实判断”的文明描述的是整个人类发展进步的事实，是任何追求人类共同发展进步的国家、民族都坚持的文明观。人类文明新形态本质上追求

① 习近平：《深化文明交流互鉴 共建亚洲命运共同体——在亚洲文明对话大会开幕式上的主旨演讲》，人民出版社 2019 年版，第 5 页。

的是整个人类的发展进步，它注重人类的统一性、平等性、包容性、互鉴性、普惠性，强调民族或地域文明所具有的人类意义。

第二，人类文明新形态注重“你中有我、我中有你”，为构建人类命运共同体奠定了“共同命运”基础。人类文明新形态注重人类的共同性，即共同利益、共同价值、共同安全、共同合作、共建共享。它秉持人类主义立场，坚持多边主义行为准则，注重实现全人类共同利益，超越了西方中心主义、单边主义、霸权主义和文明冲突论，与追求全人类的共同利益、共同安全具有本质一致性；它是走和平发展道路并强调世界大同、和平发展、合作共赢的类本文明，是实现全体人民共同富裕、促进人的全面发展的民本文明，是注重“多样统一”“主主平等、和合普惠”的多元共赢文明，是注重物质文明、政治文明、精神文明、社会文明、生态文明相协调的全要素文明，与和平、发展、公平、正义、民主、自由等全人类共同价值，追求全人类的共同繁荣、共同合作具有本质一致性。

第三，人类文明新形态主张世界多样的世界观、国家平等的国家观、互学互鉴的文明观、包容发展的发展观、合作共赢的义利观，与构建人类命运共同体具有本质一致性，为构建人类命运共同体奠定了“共同体”基础。人类文明新形态在人类实践上追求的是“共同体”，它是以构建人类命运共同体来避免“文明冲突论”的文明。人类与国家、民族的共同命运需要构建共同体来实现，这种共同体是实现“共同命运”的路径、平台。构建这种共同体需以对话协商、共建共享、合作共赢、交流互鉴与共同利益、共同价值、共同繁荣、共同安全、共同行动来支撑，人类文明新形态为构建这种共同体提供了人文支撑。

人类文明新形态注重寻求世界各国间的共同点，它是构建人类命运共同体的直接依据。马克思所讲的“真正共同体”是在消灭阶级对立前提下以实现每个人自由全面发展为基本原则的社会形态，与此既联系又区别的人类命运共同体，则是在“两制并存”格局中世界各国追求和平发展、合作共赢、利益共享、和谐共处的时代理念和中国方案，它在承认各国差异乃至根本差异前提下更注重寻求共同之处，人类文明新形态有助于削弱人类命运共同体中的差异并彰显其共同，既有助于构建人类命运共同体，也有助于推动人类命运共同体逐步走向“真正共同体”。

五、“两个创造”蕴含 21 世纪马克思主义的生长点

“道路”和“文明”是发展马克思主义需要关切的根本问题，应基于“中国式现代化新道路”和“人类文明新形态”这“两个创造”发展 21 世纪马克思主义。

马克思主义中国化的实质，是马克思主义基本原理同中国具体实际相结合、同中华优秀传统文化相结合，其核心就是关于中国革命、建设、改革的道路问题，是“如何建设”社会主义进而“如何夺取”中国特色社会主义伟大胜利的道路问题。在中国特色社会主义新时代，最根本的就是要以中国式现代化推进中华民

族伟大复兴，其实质就是强调实现中华民族伟大复兴的中国式现代化道路问题。“一百年来，党领导人民不懈奋斗、不断进取，成功开辟了实现中华民族伟大复兴的正确道路。”[①]“中国特色社会主义是党和人民历经千辛万苦、付出巨大代价取得的根本成就，是实现中华民族伟大复兴的正确道路。”[②]

中国道路在理论上是一个具有本源意义的命题，具有理论逻辑和理论意义。走中国自己的路，是党的全部理论和实践的立足点。走自己的路，是对我们党在不同历史时期所探寻和确定的道路的一般性概括。在新民主主义革命时期、社会主义革命和建设时期、改革开放和社会主义现代化建设新时期、中国特色社会主义新时代，对我们党而言，道路都是第一位的问题，我们党全部理论和实践都立足于走自己的路，是建立在走自己的路基础上的。中国道路具有基础性、本源性。中国理论及中国制度、中国文化、中国方案、中国话语等，都立足于中国道路。实践是理论之源。作为实践范畴的中国道路是中国理论之源。

我们党百年奋斗的根本主题，是实现中华民族伟大复兴，而中国特色社会主义道路是实现中华民族伟大复兴唯一正确的道路，习近平新时代中国特色社会主义思想又是全党全国人民为实现中华民族伟大复兴而奋斗的行动指南；坚持和发展中国特色社会主义，是改革开放以来我们党全部理论和实践的主题；习近平总书记就新时代坚持和发展什么样的中国特色社会主义、怎样坚

① 《中共中央关于党的百年奋斗重大成就和历史经验的决议》，人民出版社 2021 年版，第 63 页。

② 习近平：《在庆祝中国共产党成立 100 周年大会上的讲话》，人民出版社 2021 年版，第 13 页。

持和发展中国特色社会主义，建设什么样的社会主义现代化强国、怎样建设社会主义现代化强国，建设什么样的长期执政的马克思主义政党、怎样建设长期执政的马克思主义政党等重大时代课题，提出一系列原创性的治国理政新理念新思想新战略。这三个方面表明：中国特色社会主义理论体系，尤其是习近平新时代中国特色社会主义思想这样的“中国理论”，首要是关于中国特色社会主义道路的理论。中西理论之争，归根结底是道路之争。西方质疑中国，归根结底是质疑中国道路。由此，中国道路具有本源意义，要构建起中国道路具有本源意义这一命题，把中国道路作为理解和把握中国理论的一种解释框架。

21 世纪是迫切需要理论解释的时代。这是因为：21 世纪是一个“不确定”进而在进行变革与重构的时代，迫切需要给出理论解释；实现强起来的中国也需要理论强大并掌握理论话语权；创造中国奇迹的中国特色社会主义实践积累了丰富经验，需要系统总结和理论提升，从而构建当代中国自己的理论；为了有效抵御西方意识形态渗透，我们还需要从“理论依附”走向“理论自主”，提升中国理论的“免疫力”。基于“中国式现代化新道路”和“人类文明新形态”构建 21 世纪马克思主义，就是历史、时代和实践发展的迫切需要。

“两个创造”蕴含 21 世纪马克思主义的生长点、发展源与中心重镇。既然马克思主义的发展始终是与“道路”联系在一起，那么，创造“中国式现代化新道路”及创造“人类文明新形态”即“两个创造”，对发展 21 世纪马克思主义具有奠基地位与决定作用。具体体现在：“中国式现代化新道路”和“人类文明新形态”使中国特色社会主义和社会主义现代化取得了巨大成就，不仅创造了中国经济快速发展奇迹和社会长期稳定奇迹，而且推进中国特色社会主义进入了新时代。这意味着久经磨难的中华民族迎来了从站起来、富起来到强起来的伟大飞跃，意味着科学社会主义在 21 世纪的中国焕发出强大生机活力，在世界高高举起中国特色社会主义伟大旗帜，意味着中国特色社会主义道路、理论、制度、文化的不断发展，为发展中国家走向现代化拓展了新的途径，为世界上那些既希望加快发展又希望保持自身独立性的国家和民族提供全新选择，为解决人类问题贡献中国智慧和中国方案，这进而意味着世界社会主义运动的中心已经转移到当代中国。世界社会主义运动的中心转移到哪里，世界马克思主义的生长点、发展源与主要中心重镇就转移到哪里。由此，基于“两个创造”，发展 21 世纪马克思主义的生长点、发展源与主要中心重镇就转移到了当代中国。

“两个创造”蕴含发展 21 世纪马克思主义所要直面的时代特征。怎么理解和把握 21 世纪的时代状况及时代特征？这与习近平总书记所讲的胸怀“两个大局”直接相关。就战略大局而言，当今世界最为集中、突出、鲜明的，就是实现中华民族伟大复兴战略全局与世界百年未有之大变局。这“两个大局”相互激荡、交织互动：实现中华民族伟大复兴战略全局是影响世界百年未有之大变局的最大最根本的变量，世界百年未有之大变局也是影响实现中华民族伟大复兴战略全局的最大最根本的变量。“中国式现代化新道路”是推进中华民族伟大复兴唯一的必由之路，“人类文明新形态”开辟并影响世界百年未有之大变局的未来走向。所以，“两个大局”的底层逻辑是“两个创造”，从而使21世纪呈现这样的时代特征，即“变革”与“重构”，也可谓大发展大变革大调整。“两个大局”相互激荡、交织互动必将带来世界“变革”，在世界变革的历史进程中又必然导致世界权力、力量和格局的“重构”。这样，“两个大局”相互激荡、交织互动进而导致的世界变革和重构，便构成21世纪的时代特征。

“两个创造”蕴含21世纪马克思主义的主题。不同历史发展时期马克思主义的主题都与发展道路相关。19世纪马克思、恩格斯所创立的马克思主义，其主题就是如何通过无产阶级革命道路超越资本占有劳动并控制社会的主导逻辑，实现人类解放、无产阶级解放，促进每个人自由全面发展，使社会主义取代资本主义。20世纪列宁所发展的20世纪马克思主义，其主题就是如何寻求改造小农经济从而向社会主义过渡的道路。20世纪毛泽东所发展的20世纪马克思主义，其主题是农民占多数的落后国家如何选择建设社会主义的道路。当今，21世纪马克思主义所面临的时代主题，就是如何基于“中国式现代化新道路”和“人类文明新形态”，全面建成社会主义现代化强国，夺取新时代中国特色社会主义伟大胜利，在“变革与重构”的世界格局中充分展示社会主义制度优越性、克服资本主义历史局限。换言之，21世纪马克思主义要为中国和世界未来发展选择正确的道路和文明，这就是从“中国式现代化新道路”中所开创出的“人类文明新形态”，这种新道路和新形态能为人类谋进步、为世界谋大同。

“两个创造”蕴含21世纪马克思主义所解决的根本问题。

21世纪马克思主义需要解决的问题很多，但最聚焦最根本的问题主要是：“人民生活好不好”“国家强不强”“世界和平不和平”“政党硬不硬”“马克思主义是否具有强大生命力”。正如马克思主义是为人民立言一样，21世纪马克思主义是为世界人民立言，它要为世界人民谋幸福；就中国而言，21世纪马克思主义致力于全面建成社会主义现代化强国，即为国家谋强大；就世界百年未有之大变局而言，在变革与重构的21世纪，21世纪马克思主义特别注重和平发展、合作共赢，携手共建人类命运共同体，即为人类谋进步、为世界谋大同（也可谓谋和平）；马克思主义是无产阶级政党的理论基础和指导思想，21世纪马克思主义要为坚持和发展马克思主义的世界无产阶级政党谋强大；在世界发展、时代变迁和实践发展的历史进程中，21世纪马克思主义要自觉为马克思主义谋生机。这五大根本问题之实质，就是为人民谋幸福、为民族谋复兴、为世界谋大同、为无产阶级政党谋强大、为马克思主义谋生机。政党、国家、人民、世界、马克思主义是“两个大局”中的根本问题。“中国式现代化新道路”和“人类文明新形态”蕴含着五大根本问题：“中国式现代化新道路”本来就是实现中华民族伟大复兴的必由之路，此可谓为民族谋复兴；“中国式现代化新道路”本质上就是实现全体人民共同富裕、促进人的全面发展、创造人民美好生活的道路，此可谓为人民谋幸福；中国共产党领导是中国特色社会主义最本质的特征，是中国特色社会主义制度的最大优势，中国共产党是中国特色社会主义的核心领导力量，此可谓为中国共产党谋强大；“中国式现代化新道路”是和平发展的道路，“人类文明新形态”是为世界谋太平的文明，此可谓为世界谋大同；只要沿着“中国式现代化新道路”和“人类文明新形态”前行，21 世纪马克思主义必然焕发强大生机活力，此可谓为马克思主义谋生机。

“两个创造”蕴含着发展 21 世纪马克思主义的能力。“两个创造”推动着世界社会主义运动的中心转移到当代中国，中国共产党之百年奋斗，充分展示了马克思主义的强大生命力，为坚持和发展马克思主义作出了卓越的贡献，它使马克思主义的科学性和真理性在中国得到充分检验，马克思主义的人民性和实践性在中国得到充分贯彻，马克思主义的开放性和时代性在中国得到充分彰显；马克思主义中国化不断取得成功，也使马克思主义以崭新形象展现在世界上，使世界范围内社会主义和资本主义两种意识形态、两种制度的历史演进及其较量发生了有利于社会主义的转变；当今中国共产党人又能够站在历史正确一边，掌握历史主动，为解决人类问题贡献中国智慧和中国方案；“中国式现代化新道路”和“人类文明新形态”还使科学社会主义在 21 世纪的中国焕发出强大生机活力，在世界高高举起中国特色社会主义伟大旗帜。“两个创造”充分表明当代中国具有发展 21 世纪马克思主义的能力。

“两个创造”蕴含着发展 21 世纪马克思主义的核心要素。21 世纪马克思主义是一个系统整体。决定 21 世纪马克思主义发展命运的，是其中蕴含的核心要素及其结构。可从“两个创造”中提炼出发展 21 世纪马克思主义的核心要素。这就是：坚持中国共产党领导；坚持以人民为中心；坚持社会主义市场经济等基本经济制度；不断解放和发展社会生产力、实现全体人民共同富裕、推进人的全面发展；贯彻新发展理念，注重五大文明协调发展；整合党的领导力量、人民主体力量、市场配置力量；坚持走和平发展道路，注重人类进步、世界大同、和平发展、合作共赢。对这些核心要素作进一步提升概括，其中蕴含七大力量要素，即党的领导力量、人民主体力量、市场配置力量、社会动员力量、文化凝聚力量、生态滋养力量、世界和合力量。基于“两个创造”创新发展21世纪马克思主义，需要进一步对这些力量要素及其结构作出理论上的表述和阐释。

这些力量要素构成具有本源意义的系统结构，即由“党的领导为主导的人民主体力量、市场配置力量、社会动员力量、文化凝聚力量、生态滋养力量、世界和合力量”构成的系统结构，可称之为“党主导的系统力量结构论”。在这一理论中，在党的领导下这些力量相互贯通、相互作用、彼此理解，构成一个逻辑严密的有机整体，发挥着系统整体的功能。党主导的系统力量结构论以习近平新时代中国特色社会主义思想为支撑。中国特色社会主义进入新时代，在注重经济社会全面发展的基础上，以习近平同志为核心的党中央进一步注重“系统性战略谋划”。这种以系统为基础的战略谋划具有三大本质特征：抓住影响新时代中国发展命运的所有根本要素；对所有根本要素进行系统性、战略性的顶层设计；在顶层设计的基础上，对这些根本要素的系统性、整体性进行战略谋划，使之形成合理的结构并能发挥合力作用。正因如此，习近平总书记强调指出：“战略问题是一个政党、一个国家的根本性问题。战略上判断得准确，战略上谋划得科学，战略上赢得主动，党和人民事业就大有希望。”“我们是一个大党，领导的是一个大国，进行的是伟大的事业，绝不能犯战略性错误。”“要善于进行战略思维，善于从战略上看问题、想问题。”[1]越是在历史重要关头，越要注重战略思维。习近平总书记强调新时代更需要运用战略思维，且在讲到战略思维、创新思维、辩证思维、法治思维、底线思维时，把战略思维放在首位。

六、中国式现代化的人类意义、世界意义

中国式现代化使传统中国走向现代中国。不仅如此，中国式现代化也使中国走向世界、使民族的成为人类的。2012 年党的十八大召开，标志着中国特色社会主义进入了新时代。中华民族经历了从被动接受到主动选择的转变，实现了从站起来、富起来到强起来的伟大转变。

中国特色社会主义道路、理论、制度、文化的持续发展，不仅为中国自身的现代化进程提供了坚实的支撑，同时也为世界其他发展中国家探索适合自己的现代化道路提供了新的可能。这种选择不仅基于对快速发展的追求，也体现了对国家独立性和民族自豪感的坚守。更重要的是，中国的发展模式和经验为全球治理和人类社会的进步提供了宝贵的借鉴和启示，为全人类实现现代化提供了新的选择和机会。概言之，中国式现代化使中华民族发

---

① 习近平：《更好把握和运用党的百年奋斗历史经验》，《求是》2022 年第 13 期。

展史日趋彰显其人类历史、世界历史的意义。

（一）中国式现代化所解决的问题具有人类意义、世界意义

中国式现代化处在“两个大局”交织互动、相互激荡的时代格局中。这意味着中国问题也就是世界问题，世界问题也会成为中国问题。中国式现代化解决的，就是发生在中国的人类问题、世界问题，或是世界视域中的中国问题，它为解决人类实现现代化问题提供了典型的“中国样本”。

“中国样本”是指新时代中国为什么能成为解决发生在中国的人类问题的主要实践创新地和发展源，中国为解决发生在中国的人类问题作出哪些贡献，具有何种世界意义。

中国式现代化的实践基础及其典型样本，主要是“两个大局”背景下中国特色社会主义新时代和世界走向，是世界社会主义运动中心转移到当代中国引起的根本变化。解答的根本问题是：中国式现代化如何解释和解决世界社会主义和马克思主义发展进程中提出的重大难题？如何解释和处理“两个大局”背景下社会主义和资本主义、当代中国和世界的关系？如何以中国式现代化、人类文明新形态超越资本主义历史局限，展示社会主义现代化的优越性，为解决人类重大问题贡献中国智慧、中国方案、中国力量？这些问题具有前沿性、总体性、战略性，在世界社会主义发展史、马克思主义发展史上具有重要意义。

（二）中国式现代化解决问题的方法具有普遍性

方法取决于问题的本性，分析和解决什么样的问题，往往采取什么样的方法。

现代化发展进程中存在的根本问题，归根结底，一是“物的发展”和“人的发展”的关系问题，二是动力、平衡、治理问题，三是哲学根基上的“主客对立”和“主主平等”关系问题。分析和解决这三个根本问题，内在要求采取历史唯物主义、唯物辩证法和系统观念等哲学方法。

历史唯物主义运用大历史观，用长远视野、宽广视野、整体视野、纵深视野分析历史发展长河中的基本规律，解决问题。它运用社会结构即生产力和生产关系、经济基础和上层建筑的矛盾运动分析现代化发展的历史，把握现代化发展进程中“物的发展”和“人的发展”的关系，动力、平衡、治理的关系，以及“主客对立”和“主主平等”的关系。

马克思、恩格斯十分注重运用这种历史方法，来分析人类历史发展一般规律和资本主义社会发展规律，《1844年经济学哲学手稿》《德意志意识形态》《共产党宣言》《资本论》等著作就是如此。唯物辩证法实质上就是矛盾分析方法，它注重运用事物的内在矛盾辩证地分析问题、解决问题。马克思也十分注重运用唯物辩证法来辩证分析资本主义社会的一系列矛盾，他的《资本论》就是如此。当然，还需要运用唯物辩证法的矛盾分析方法分析现代化发展进程中的效率和公平、活力和秩序、动力和平衡、守正和创新、自立自强和对外开放等辩证关系。

习近平总书记在谈到中国式现代化中的重大关系问题时，运用的就是唯物辩证法。系统观念也是一种具有基础性的思想和工作方法，分析现代化发展进程中的物的发展和人的发展的关系，分析现代化发展进程中的动力、平衡、治理的关系等，都需要运用系统观念。此外，坚持多样性和统一性的统一，也是一种重要的方法。

唯物主义历史观、唯物辩证法、系统观念及多样性和统一性关系的哲学思维方法，具有世界意义。唯物主义历史观是关于人类历史发展一般规律的学问，唯物辩证法是关于一切事物的矛盾的学问，系统观念是分析一切事物和对象的具有基础性的思想和工作方法，多样性和统一性思维方法也是被现代化发展历史和实践确证了的科学方法，即世界各个国家实现现代化都是共同的，但各国实现现代化的目标和方法却有所不同，譬如中国式现代化所实现的目标及其总体方略，与世界其他国家实现现代化就有所不同。

（三）中国式现代化理论具有人类意义、世界意义

中国式现代化关于实现全体人民共同富裕、物质文明和精神文明相协调、人与自然和谐共生、走和平发展道路，关于实现高质量发展、丰富人民精神世界、推动构建人类命运共同体、创造人类文明新形态，等等理论，都蕴含人类共有的元素与人类共有的文明。

中国式现代化关于实现全体人民共同富裕、物质文明和精神

文明相协调、人与自然和谐共生的理论，为发展中国家走向现代化拓展了新的途径。发展中国家实现现代化，首先要解决社会物质财富积累和人民物质生活水平提高的问题，这一问题解决以后，就必然把实现全体人民共同富裕、物质文明和精神文明相协调、人与自然和谐共生提到议事日程，置于历史发展的前台。中国式现代化关于实现全体人民共同富裕、物质文明和精神文明相协调、人与自然和谐共生的理论，显然为发展中国家走向现代化拓展了新的途径。

中国式现代化在创造经济快速发展奇迹和社会长期稳定奇迹的同时保持中国自身的独立性的理论，为那些渴望快速发展又希望保持自身独特性的国家和民族开辟了一条全新的道路。拉美一些国家试图加快本国发展，然而在发展过程中却丧失了本国发展的独立性，成了美国等西方国家的附庸，结果掉进了“拉美陷阱”而不可自拔。中国式现代化创造了经济快速发展奇迹和社会长期稳定奇迹，同时积极发展全过程人民民主，丰富人民精神世界，实现全体人民共同富裕，保持了自身的独立性。

中国式现代化关于推动构建人类命运共同体、创造人类文明新形态的理论，为解决人类问题贡献了中国智慧和中国方案。当今世界正经历百年未有之大变局，实现中华民族伟大复兴战略全局与世界百年未有之大变局交织互动、相互激荡，这就把“世界之问”“时代之问”提了出来：“世界向何处去？”“时代发展的趋向是什么？”中国式现代化所提出的推动构建人类命运共同体、创造人类文明新形态理论，以及关于现代化发展路径的非线性及其蕴含的复数文明等，为引领人们跳出资本主义和社会主义

“两极对立”的思维，为指引人们超越资本主导现代性的逻辑，指明了正确方向，提供了正确思路，也为人类实现现代化展现了光明前景，提供了新的选择，从而为解决人类问题贡献了中国智慧和中国方案。

（四）中国式现代化话语具有人类意义、世界意义

从走自己的路，到中国特色社会主义道路，经中国式现代化新道路，再到中国式现代化，是一个在话语表述上从相对注重特殊性到相对注重普遍性，从相对注重中国特色到相对注重世界意义，从相对注重意识形态性到相对注重科学性，从相对注重自主到也注重平等对话，从相对注重描述性（叙事）到相对注重规范性（阐释）的转换和提升进程。

走自己的路、中国特色社会主义道路相对注重“自己”“中国特色”，此可谓相对注重特殊性。而中国式现代化新道路尤其是中国式现代化虽然也强调“中国式”，但它同时相对注重“现代化”，这就把“自己”“中国特色”提升到“现代化”这个同一“频道”“平台”“层面”上进行阐述，提升并呈现“自己”“中国特色”所蕴含的人类意义、世界意义，其意义在于使中国走向世界、使民族的成为人类的。

走自己的路、中国特色社会主义道路相对注重“中国特色”，即中国共产党领导的社会主义现代化，具有中华文明的底蕴，坚持人民至上。中国式现代化新道路尤其是中国式现代化，则彰显了从“现代化在中国”到“中国式现代化在世界”，从

"世界失我"到"世界有我、世界向我"的转换和提升，中国式现代化的人类意义、世界意义被彰显出来了，其意义也在于使中国走向世界、使民族的成为人类的。

走自己的路、中国特色社会主义道路相对注重意识形态性，因为它实际上是要告别对西方现代化道路的迷思和依赖，强调在现代化道路问题上的中国主体性、自主性、独立性、创造性，要告别资本主义现代化，坚持社会主义现代化。中国式现代化新道路尤其是中国式现代化也蕴含着破除对西方现代化道路的迷思，注重在"现代化"这个同一"频道"上与西方现代化进行客观而平等的对话，即这种表述相对注重客观性、对等性，易于被国际社会所理解和接受，其意义又在于使中国走向世界、使民族的成为人类的。

走自己的路、中国特色社会主义道路相对注重描述性的叙事，主要强调中国式现代化是具有"中国特色"的，是"中国自己"的现代化之路。中国式现代化新道路尤其是中国式现代化，其意义之一，在于强调"中国自己""中国特色"的社会主义之路也是实现现代化之路，是把特殊向一般来进行提升和转换。不言而喻，中国式现代化这种话语表述方式更加注重规范性，其意义还在于使中国走向世界、使民族的成为人类的。

中国式现代化是马克思主义中国化时代化的重大理论创新成果，是习近平新时代中国特色社会主义思想的重要内容，是新时代新征程全面建设社会主义现代化国家的重要实践。它既遵循现代化的一般规律，又具有鲜明的中国特色，深刻体现了中国特色社会主义的独特优势。中国式现代化道路是中华民族伟大复兴的必由之路，也是中国对世界的重要贡献。我们要深刻领会中国式现代化的重大意义，坚定不移走自己的路，为全面建设社会主义现代化国家、全面推进中华民族伟大复兴而努力奋斗。

第四章

在“两个结合”中建设中华民族现代文明

一、马克思主义中国化的“三次结合”与中国道路

我们党的历史，是一部不断推进马克思主义中国化的历史，是一部不断推进理论创新、进行理论创造的历史。

马克思主义中国化历史发展的逻辑，本质上是马克思主义基本原理同中国具体实际相结合的逻辑。它涉及马克思主义和中国具体实际两个根本方面。一方面，马克思主义的发展史，从根本上就是对道路问题探寻的历史。另一方面，近代以来中国的具体实际，也就是中国的根本问题，归根到底就是对中国道路的探寻。

近代，中国处在迷茫彷徨当中，其主要原因就是没有找到一条救国之路。当时，各种各样、五花八门的“主义”在中国都被尝试过，也都在尝试解决一个根本问题：中国向何处去？因为旧的制度被推翻以后，“中国向何处去”的道路问题便成为具有根本性的问题。当时许多仁人志士都在苦苦寻找适合中国国情的

道路，但各种各样的方案都行不通。就是说，当时没有一个“主义”和“方案”能解决中国的道路问题。

马克思主义传播到中国来，开启了马克思主义中国化的历程，且在中国落地、扎根、开花、结果了。为什么？其中最根本的就是马克思主义在同中国具体实际相结合的马克思主义中国化过程中，找到了能解决中国问题的正确的中国道路。

（一）马克思主义中国化，体现在马克思主义同中国具体实际的三次结合上

马克思主义基本原理同中国具体实际的第一次结合，是在新民主主义革命时期进行的。这次结合的实质，是中国革命的道路选择问题。这一时期，中国共产党人最关注的，是采取什么样的革命道路才能实现民族独立、人民解放。当时在党内就中国革命的道路问题展开了激烈争论，争论的焦点是采取城市武装暴动的道路，还是采取农村包围城市的道路。历史、实践与中国共产党人最终选择了农村包围城市的革命道路，于是便实现了马克思主义中国化的第一次飞跃。

马克思主义同中国具体实际的第二次结合，是在社会主义革命和建设时期进行的。这次结合，毛泽东明确将其概括为第二次结合，而且认为结合的核心，就是在中国建设社会主义的道路选择问题。到底是选择“苏联模式”，还是走“独立自主、自力更生”的道路？当时苏联是世界上第一个建立社会主义制度的国家，“向苏联学习”在当时的中国是社会共识，“苏联模式”对

当时中国的影响比较大。1956 年 2 月苏共二十大召开，是苏联历史乃至国际共产主义运动历史上的一个重要转折点，会上主要批判了对斯大林的个人崇拜。中国方面认为，苏共二十大在破除斯大林的个人崇拜并揭露其错误的严重性方面具有积极意义，同时又认为赫鲁晓夫全盘否定斯大林的做法是不对的。因此，中共中央一方面采取维护斯大林的立场；另一方面开始以苏为鉴，反对本本主义和教条主义，并自觉主动地探索适合中国国情的建设社会主义的独立的正确道路。

根据最为权威的表述，应当说毛泽东所讲的第二次结合，与 1978 年改革开放新时期我们党的政治文献所讲的第二次结合，既有区别，也有内在的逻辑联系。毛泽东所讲的第二次结合，其实就是要探索在中国建设社会主义的具体道路，这条道路就是具有中国特点的社会主义道路。这与改革开放新时期我们所讲的中国特色社会主义道路具有异曲同工之处，都是对在中国怎样建设社会主义的道路问题的探索。然而，毛泽东所讲的在中国建设社会主义的具体道路只是一种初步的思考和探索，还没有形成一种完整的实践形态和理论形态，它是向我们党的政治文献所讲的真正意义上的第二次结合的过渡。不过，前者为后者提供了启示，这就是在中国建设社会主义必须具有中国特点。因此，马克思主义同中国具体实际真正意义上的第二次结合的历史节点是 1978 年我国开启的改革开放。这种意义上的结合，就是马克思主义中国化进程中把马克思主义同中国改革开放具体实际相结合。这里的第二次结合及其形成的党的创新理论成果，其实质就是开创并发展、完善中国特色社会主义道路，它实现了马克思主义中国化新的飞跃。

马克思主义中国化时代化即马克思主义基本原理同中国具体实际相结合的新的飞跃，是在中国特色社会主义进入新时代后逐步进行的。这次结合的实质和核心，是关于实现“强起来”的道路问题。经过长期努力，中国特色社会主义进入了新时代，这是我国发展新的历史方位。在新时代新的历史方位，马克思主义同新时代中国特色社会主义实践相结合，正在实现马克思主义中国化时代化新的飞跃。从总体上讲，强调这是一次新的飞跃，就在于党的十九大报告所讲的，它在中华人民共和国发展史上、在中华民族发展史上、在世界社会主义发展史上、在人类社会发展史上、在中国共产党创新理论发展史上，具有重大意义。这里讲的在发展史上的重大意义，意味着中国特色社会主义进入新时代是具有里程碑意义且要载入史册的，而载入史册的，往往都是具有标识性、代表性的。中国特色社会主义进入新时代，在本质上就蕴含着要实现马克思主义中国化的新的伟大飞跃。在马克思主义中国化历史发展的逻辑进程中，由于找到了不同历史时期的正确道路并促使中国走向成功，这就为回答“马克思主义为什么行”提供了真实的答案。

（二）读懂中国道路，才能理解和把握中国共产党历史发展逻辑

对道路的探寻，不仅是马克思主义发展史的一条根本主线，也是近代以来贯穿于中国共产党历史发展逻辑、新中国历史发展

逻辑的一条根本主线。只有读懂中国道路，才能为理解和把握近代以来中国共产党历史发展逻辑和新中国历史发展逻辑提供一把钥匙。

只有读懂中国道路，才能真正理解中国共产党历史发展逻辑。自从中国共产党成立那天起，中国共产党人就开启了探寻中国发展道路的历史。中国共产党发展的历史，从根本上就是对中国道路探寻而发展的历史。中国共产党的发展历史大致可以划分为新民主主义革命时期、社会主义革命和建设时期、改革开放和社会主义现代化建设新时期、中国特色社会主义新时代四个历史时期。贯穿这四个历史时期的一条主线，就是对中国道路的探索。

在新民主主义革命时期，中国共产党人探寻的根本主题是关于中国革命的道路问题。在中国共产党领导下，最终找到了一条农村包围城市的新民主主义革命道路，其结果是中华民族站起来了。新中国成立初期以及1956年之后，中国共产党人探索的核心主题，就是在中国进行社会主义改造和社会主义建设的道路问题。改革开放和社会主义现代化建设新时期，中国共产党人探寻的根本主题，是实现社会主义现代化的道路问题，我们终于找到了这条道路，这就是中国特色社会主义道路。党的十八大召开，意味着中国特色社会主义进入了新时代。新时代在坚持中国特色社会主义道路的基础上，中国共产党人继续探寻全面建成社会主义现代化强国、实现中华民族伟大复兴的中国特色社会主义道路之新的历史形式，依然是至关重要的。正如习近平总书记所强调的："我们党在革命、建设、改革各个历史时期，坚持从我国国情出发，探索并形成了符合中国实际的新民主主义革命道路、社会主义改造和社会主义建设道路、中国特色社会主义道路，这种独立自主的探索精神，这种坚持走自己路的坚定决心，是我们党不断从挫折中觉醒、不断从胜利走向胜利的真谛。……中国特色社会主义，是科学社会主义理论逻辑和中国社会发展历史逻辑的辩证统一，是根植于中国大地、反映中国人民意愿、适应中国和时代发展进步要求的科学社会主义，是全面建成小康社会、加快推进社会主义现代化、实现中华民族伟大复兴的必由之路。只要我们坚持独立自主走自己的路，毫不动摇坚持和发展中国特色社会主义，我们就一定能在中国共产党成立 100 年时全面建成小康社会，就一定能在新中国成立 100 年时建成富强民主文明和谐的社会主义现代化国家。”①

（三）读懂中国道路，才能真正把握新中国历史发展的逻辑

只有读懂中国道路，才能真正把握新中国历史发展的逻辑。这一逻辑，就是迎来了从站起来、富起来到强起来的伟大飞跃。

1949 年新中国的成立，标志着中华民族站起来了，从此要迎来实现富起来的伟大飞跃，这将会带来历史性变革，并寻求实现富起来的根本道路。1978 年我国开启了改革开放和社会主义现代化建设新时期，把中国特色社会主义作为实现富起来的根本道路。党的十八大召开，中国特色社会主义进入了新时代，标志着中华民族富起来了，从此又迎来从富起来到强起来的伟大飞

① 习近平：《关于坚持和发展中国特色社会主义的几个问题》，《求是》2019 年第 7 期。

跃，这也会带来历史性变革，并寻求实现强起来的根本道路。这一变革，就是党的十八届三中全会所讲的推进全面深化改革，也是党的十九大报告所讲的历史性变革。这种历史性变革主要体现在：在总体上，把贯彻落实新发展理念看作关乎我国发展全局的一场深刻变革；在经济领域，推进供给侧结构性改革，实施高质量发展，使经济发展进入新常态；在政治领域，既加强党对一切工作的领导，又推进全面从严治党，还致力于建设法治国家；在文化领域，积极加强意识形态建设，注重用习近平新时代中国特色社会主义思想武装全党、教育人民；在社会领域，既积极促进公平正义、增进人民福祉，增强人民群众的获得感、幸福感、安全感，又推进社会治理创新；在科技创新领域，通过几十年的不懈努力，在许多关键领域获得技术领先地位；在军事领域，积极推动中国军队最大规模的改革，强调全面从严治军，即政治建军、改革强军、科技强军、人才强军、依法治军；在外交政策和国际战略领域，积极参与全球治理，共建“一带一路”，构建人类命运共同体。在这些变革中，会不断丰富新时代中国特色社会主义道路新的历史内涵。换言之，这些历史性变革背后的内在逻辑，就是新时代中国特色社会主义道路的进一步发展和完善。

正是在中国共产党领导下我们找到了实现中华民族从站起来、富起来到强起来的正确道路，并促使国家走向成功，这就为回答“中国共产党为什么能”提供了真实的答案。

二、全面深入理解“两个结合”的核心要义和思想精髓

“两个结合”是从整体上关乎马克思主义根本问题的一个重大论断。从现实维度讲，马克思主义基本原理同中国具体实际相结合，其实质就是使马克思主义在中国开花、结果，既寻求正确的中国道路，以解决中国社会主要矛盾和根本问题，推进中国发展进步，也创新发展马克思主义；从历史维度讲，马克思主义基本原理同中华优秀传统文化相结合，其实质就是既使马克思主义在中国落地、扎根，又运用马克思主义立场观点方法对中华优秀传统文化进行创造性转化、创新性发展；从理论维度讲，“两个结合”作为创新发展马克思主义的根本路径，产生了中国化马克思主义。推进“两个结合”，既需要系统深入总结并坚持推进“两个结合”的基本经验，也需要提炼中华优秀传统文化精髓，把“双方优势结合”和“双方功能互补”作为结合方式，还需要把握中国具体实际的根本内涵，把“历史方位”“社会主要矛盾”“根本问题”“中国道路”作为结合点。

无论是从理论上还是从实践上说，坚持和推进马克思主义中国化，是中国共产党百年奋斗历程中必须着力解决的根本问题。“两个结合”及二者关系，表达了对中国具体实际和中华优秀传统文化以及二者关系的深入理解。

（一）为什么必须坚持“两个结合”

我国理论界曾对“两个结合”进行了较为深入的研究。一种观点认为，把马克思主义基本原理同中华优秀传统文化相结合是可能的，原因在于二者在实践理性、价值取向、社会理想等方面具有一致性。但也有学者对“一致说”提出不同看法，认为正是这种被诠释出来的所谓“一致性”，阻碍人们对马克思主义进行全面正确的理解。马克思主义基本原理同中华优秀传统文化相结合，主要是指汲取中华传统文化的精粹，而中国化的马克思主义如毛泽东思想、邓小平理论等，事实上都汲取了中国传统文化的积极内容。在学术研究中，理论界提出了关于马克思主义中国化的必然性问题。有学者一针见血地指出，马克思主义中国化之所以具有必然性，是因为它既是近代中国社会和中国革命发展的必然结果，也是马克思主义的内在要求，还是中国具体实际的客观需要。

为什么必须坚持“两个结合”？汲取理论界已有研究成果，笔者以为至少可以从三方面进行深入分析。

1. 马克思主义经典作家特别强调要注重“结合”

马克思主义本质上是一种源于实践又回到实践以指导实践、改变现实的理论，是注重“事物自身”之内在联系、矛盾运动、发展过程且从中生长出的理论，因而其本质上是发展着的马克思主义，它摒弃把马克思主义理论作为一种“公式”“标签”“套语”来剪裁任何事物的教条主义。这种教条主义实质上属于“外在反思”思维。

第一，马克思、恩格斯实现的哲学变革，实质上就是摒弃用头脑臆想的人为联系代替事物自身的客观联系，创立唯物辩证法。马克思、恩格斯以前的旧哲学如形而上学、思辨哲学，往往用头脑臆想的人为联系代替事物自身的客观联系，在历史领域走向唯心主义。马克思、恩格斯在理论上毕生秉持的本心，就是要把唯心主义从历史领域中赶出去。于是，他们秉本执要，首要关切的是确立唯物主义在历史领域的权威。在这个意义上，他们对费尔巴哈的唯物主义“不满意抽象的思维”给予欢喜若狂的评价，认为这种唯物主义能使人们看到历史领域的客观性，能透过被纷繁复杂的意识形态所掩盖的种种假象，看到历史领域中“事物自身”的现实联系。马克思、恩格斯确立的唯物辩证法，本质上就是摆脱主观臆想进而通达事物自身，力求呈现、确证事物自身存在之内在的普遍联系、矛盾运动和发展过程。现代唯物主义世界观，就是运用唯物辩证法揭示、解释人的感性生活世界而生成出来的范畴，因为它超越了主观人为的臆想联系，揭示了人的感性生活世界本身的普遍联系。它表明，认识世界和分析事物，首要应立足于现实生活世界，从客观实际出发，而不是从原则出发。

第二，《共产党宣言》（以下简称《宣言》）的基本原理的实际运用要随时随地以当时的历史条件为转移。马克思、恩格斯合写的《宣言》问世，是马克思主义诞生的标志。在《宣言》1872 年德文版序言中，马克思、恩格斯指出，《宣言》所阐发的“这些原理的实际运用，正如《宣言》中所说的，随时随地都要以当时的历史条件为转移，所以第二章末尾提出的那些革命措施根本没有特别的意义”[①]。《宣言》一般原理的实际运用因历史条件的不同而不同，这是《宣言》和序言反复强调的。列宁也郑重其事地指出：“这些原理的应用具体地说，在英国不同于法国，在法国不同于德国，在德国又不同于俄国。”[②]同理，这些原理的应用，在中国既不同于西欧，也不同于俄国，因为中国国情具有鲜明的特殊性，所以毛泽东强调，马克思主义必须中国化。这表达了马克思主义经典作家对《宣言》的基本原理的运用所坚持的态度和方法。比如，我们应深刻认识到，《宣言》的一个基本原理就是消灭资本主义私有制，对此任何时候都不能怀疑和动摇。离开了这一条，就从根本上背离了《宣言》，离开了马克思主义。同时，我们对《宣言》中的有关论述，必须结合实际，不应当作教条主义理解。

第三，不能把马克思关于西欧资本主义起源的历史概述变成一般发展道路的历史哲学理论。当时德国、法国、俄国的许多青年学者常对马克思的理论产生误读和误解。俄国的米海洛夫斯基等人，就把马克思关于西欧资本主义起源的历史概述彻底变成一般发展道路的历史哲学理论，认为一切民族，不管他们所处的历史环境如何，都注定要走这条路。对此，马克思理直气壮地声明：“但是我要请他原谅。（他这样做，会给我过多的荣誉，同时也会给我过多的侮辱。）”[③]对于德国还有一些人打着马克思主

① 《马克思恩格斯选集》第一卷，人民出版社 2012 年版，第 376 页。
② 《列宁全集》第四卷，人民出版社 1984 年版，第 161 页。
③ 《马克思恩格斯选集》第三卷，人民出版社 2012 年版，第 730 页。

义旗号宣扬非马克思主义的做法，恩格斯猜测马克思可能会怫然不悦地说：“我播下的是龙种，而收获的却是跳蚤。”[①]针对德国一些青年学者把马克思的理论当作现成的公式、套语、标签贴到各种事物上去而不再作进一步研究的倾向，马克思慎思明辨地声明，如果这样做，并把这样做当作马克思主义，那么，“我只知道我自己不是马克思主义者”[②]。这表明：真理是有条件的，具有相对性，马克思坚决反对把现成的公式套到一切事物上去并剪裁各种事实的倾向，强调要从具体实际条件出发分析问题。

第四，不要把他们的世界观当作教义而应当作方法。恩格斯一再强调要正确对待马克思和他所创立的理论。恩格斯晚年在关于历史唯物主义的书信和《反杜林论》中反复指出，不应当把他们的整个世界观当作教义，而应当作方法，它提供的不是现成的教条，而是进一步研究的出发点和供这种研究使用的方法，应将其当作研究历史的指南。列宁又指出：“原则不是研究的出发点〈而在想做一个唯物主义者可又不能彻底贯彻唯物主义的杜林那里则相反〉，而是它的最终结果。”[③]这些重要论述旗帜鲜明地表达了这样一种态度：坚决反对把他们的理论教条化，当作现成的公式来剪裁各种历史事实，而认为每个国家运用马克思主义，都必须穿起本民族的服装。

第五，世界各个国家和民族走向社会主义有不同“走法”。列宁是坚持和发展马克思主义的典范。这体现在他注重把马克思

① 《马克思恩格斯选集》第四卷，人民出版社 2012 年版，第 603 页。
② 《马克思恩格斯选集》第四卷，人民出版社 2012 年版，第 603 页。
③ 《列宁选集》第二卷，人民出版社 2012 年版，第 36 页。

主义基本原理同俄国具体实际相结合。在谈到落后国家如何走向社会主义时，列宁强调："一切民族都将走向社会主义，这是不可避免的，但是一切民族的走法却不会完全一样，在民主的这种或那种形式上，在无产阶级专政的这种或那种形态上，在社会生活各方面的社会主义改造的速度上，每个民族都会有自己的特点。"[①] 习近平总书记指出："中国共产党为什么能，中国特色社会主义为什么好，归根到底是因为马克思主义行！"[②] 这表明，不同时代和实践的发展、各国生产力发展状况和社会发展阶段，是社会主义建设道路多样化的现实原因，历史、文化、传统的异质性，是不同国家社会主义建设道路多样性的深层根源。

2. 中国革命、建设、改革实践的经验教训启迪我们必须注重"结合"

如果说马克思主义经典作家强调把他们提出的基本原理同具体历史条件、各国实践相结合，那么，中国共产党人则在实践上更加自觉地强调马克思主义基本原理必须同中国具体实际相结合，认为只有这种结合才能既克服教条主义、避免狭隘经验主义，又解决中国问题。

第一，新民主主义革命时期，我们党反对把马克思主义教条化，强调马克思主义必须同中国革命的具体实际相结合。新民主主义革命时期，我们党遇到的首要问题，是如何选择中国革命的道路，这是中国革命"向何处去"的问题。当时党内存在着教条

① 《列宁全集》第二十八卷，人民出版社 1990 年版，第 163 页。
② 习近平：《在庆祝中国共产党成立 100 周年大会上的讲话》，人民出版社 2021 年版，第 13 页。

主义倾向，以王明为主要代表的一些人热衷于从书本中找答案，认为中国革命必须走城市武装暴动的道路，结果导致革命屡屡受挫。以毛泽东同志为主要代表的中国共产党人坚持把马克思主义基本原理同中国革命具体实际相结合，根据当时中国农民最多、农民最穷、农民的革命性最坚决的具体实际，强调中国革命要走“农村包围城市、武装夺取政权”的道路，结果使中国革命转危为安。针对在中国革命问题上的教条主义，毛泽东发表了《实践论》《矛盾论》，强调理论与实践相结合、普遍与特殊相结合，着重阐述了理论和实践（知和行）、普遍和特殊（共性和个性）的辩证关系，指出关于共性和个性、绝对和相对的道理，是事物矛盾的精髓，不懂得它，就等于抛弃辩证法。在《矛盾论》中，毛泽东在坚持矛盾具有普遍性的前提下，着重从五个方面谈论矛盾的特殊性。这两部著作为马克思主义基本原理同中国具体实际相结合奠定了坚实的哲学基础。

第二，社会主义革命和建设时期，我们党强调走自己的路。1956 年，我国确立了社会主义基本制度，开始探索社会主义建设道路。如何建设社会主义，建设社会主义应走什么样的道路？一开始，既没有现成的经验可以借鉴，也没有既成的模式可以遵循。当时，苏联在社会主义建设方面是我们的“老大哥”。于是，当时就注重“向苏联学习”，学习社会主义建设的“苏联模式”。经过一段时期的实践，我们发现这种模式不完全适合中国国情，导致我国社会主义建设出现一些曲折。中国共产党人经过认真反思和总结，深刻认识到中国社会主义建设必须“走自己的路”。于是，毛泽东根据当时中国具体实际，发表了《论十大关系》，确定了中国建设社会主义必须处理好的十大关系。《论十大关系》是确定我国社会主义建设“走自己的路”的理论基础和基本内容。

第三，改革开放和社会主义现代化建设新时期，我们党强调解放思想、实事求是。1978 年，我国开启改革开放和社会主义现代化建设新时期。当初我国改革开放面临的最大阻力，是“左”的思潮和倾向。其本质特征，就是从本本中找答案，从语录中找结论，从权威中找出路。这种从本本出发的教条主义影响我国改革开放和社会主义现代化建设。不冲破这重阻力，就迈不开改革开放和社会主义现代化建设新步伐。针对这种倾向，邓小平发表了《解放思想，实事求是，团结一致向前看》。其实质，就是力求打破本本主义、教条主义束缚，确立解放思想、实事求是的党的思想路线，注重从中国具体实际出发认识中国国情。要而言之，就是要把马克思主义基本原理同中国具体实际相结合。

3. 唯物辩证法的精髓是注重“结合”的哲学基础

马克思、恩格斯把黑格尔的辩证法与费尔巴哈的唯物主义有机结合起来，确立了唯物辩证法。唯物辩证法具有现实特质，本质上是注重“事物自身的辩证法”，其任务就是揭示事物内部的普遍联系、矛盾运动和发展过程。

列宁的《哲学笔记》是唯物辩证法的代表作。列宁指出，辩证法的第一要素，就是关注“自在之物本身”，即事物自身（存在）的客观性，还要关注事物自身的运动、发展，即事物发展的辩证法。在《谈谈辩证法问题》中，列宁以马克思的《资本论》

为例，着重谈论一般和个别的关系，强调“一般只能在个别中存在，只能通过个别而存在”，任何个别都是一般，同时“任何一般都是个别的”。就是说，普遍性离不开特殊性，普遍性寓于特殊性之中，并通过特殊性表现出来。显然，这是为普遍同特殊相结合、一般同个别相结合提供哲学基础。从本质来说，马克思主义基本原理具有普遍性、一般性，必须坚持。然而，这种普遍性、一般性不是抽象的，而是具体的，只有通过特殊的具体实际才能体现出来。

毛泽东沿着列宁的思路继续走下去，在其唯物辩证法的代表作《矛盾论》中，更为鲜明地强调普遍和特殊、共性和个性的关系，注重普遍与特殊、共性与个性相结合，认为共性和个性的关系就是事物矛盾的精髓，当然也是辩证法的精髓。把这种关系上升到“精髓”的高度，其实质就是为马克思主义基本原理同中国具体实际相结合提供哲学基础。

邓小平把解放思想、实事求是确立为党的思想路线。这意味着要从中国具体实际出发看待事物、分析问题，这为马克思主义中国化提供了理论依据，即马克思主义基本原理必须同中国具体实际相结合。

通过上述梳理，我们可得出两点深刻的认识：一是中国需要马克思主义，需要以马克思主义之“矢”射中国之“的”。马克思主义作为从人类社会历史发展的客观实际中抽象出来的基本原理，具有普遍性和共性，为中国共产党人认识世界和改造世界提供了行动指南，是我们立党立国、兴党兴国的根本指导思想，是我们党的灵魂和旗帜。二是从实践中生长出的马克思主义基本原理还必须通过广大人民群众的实践回到中国具体的现实环境中落地、扎根，只有同中国具体实际相结合，运用于现实世界才能发挥其指导作用。脱离现实世界，离开具体条件，马克思主义基本原理的普遍性就无从谈起。

（二）怎样理解“两个结合”的内涵及其实质

谈“结合”，究竟要结合“什么”，强调结合的“实质”又是什么，“结合”会产生何种成果？有研究成果强调，马克思主义中国化有三层含义，即马克思主义基本原理同中国具体实际相结合，包括同中国实践、中国历史传统、中国传统文化相结合三个基本方面。有些专家指出，马克思主义中国化包括两层含义，即马克思主义基本原理同中国具体实际相结合、同时代特征相结合，集中表现为实践性和时代性。这表明我国理论界已经提出马克思主义基本原理要“结合”中国具体实际、中国历史传统、中国传统文化的内涵，其中包括马克思主义基本原理“两个结合”的内涵。

中国具体实际是中国“历史传统”的当代呈现，“时代特征”也蕴含在中国具体实际之中，就是说，从“中国具体实际”中可以分析出中国的“历史传统”和“时代特征”；而且，影响中国以及中国具体实际的基因是中华传统文化，中华传统文化是中华民族的血脉，是中国人一切行为的底蕴。习近平总书记在“七一”重要讲话中提出的“两个结合”具有代表性，具有典型样本意义。把现有理论界研究成果作为思想资源，可从下述三个层面理解习近平总书记在“七一”重要讲话中提出的“两个结合”的内涵及其实质。

马克思主义中国化具有“中国化”“化中国”“理论成果”三个根本维度和三个层面的内涵。三者既有区别又有联系。从“结合”的重要性来讲，当然应先讲“化中国”，即从现实维度讲马克思主义基本原理同中国具体实际相结合，其实质，就是使马克思主义在中国开花、结果，既寻求正确的中国道路，以解决中国社会主要矛盾和中国问题，推进中国历史进步，也创新发展马克思主义；若从“结合”的历史逻辑来说，可以先分析“中国化”，即马克思主义基本原理同中华优秀传统文化相结合，因为马克思主义基本原理只有首先在中国落地、扎根（“中国化”），然后才能开花、结果（“化中国”），而在中国落地、扎根，就是先从历史维度讲马克思主义基本原理同中华优秀传统文化相结合，其实质，就是既使马克思主义在中国落地、扎根，又运用马克思主义立场观点方法对中华优秀传统文化进行创造性转化、创新性发展；从理论维度讲，这“两个结合”会产生中国化马克思主义这一创新成果。这里，“中国化”“化中国”和“理论成果”的逻辑关系是，只有先解决“中国化”问题，才能解决“化中国”问题，“中国化”是为了“化中国”，“中国化”和“化中国”就会产生中国化马克思主义的理论创新成果。

1. 马克思主义基本原理同中华优秀传统文化相结合，使马克思主义在中国落地、扎根，此可谓“中国化”

第一，马克思主义基本原理同中华优秀传统文化相结合，具有结合的现实性。马克思主义与中华优秀传统文化具有基因“契合性”和价值“一致性”，因而能在中国落地、扎根。中华优秀传统文化的精髓是强调世界大同、协和万邦、兼济天下、和衷共济、民为邦本，马克思主义在本质上追求人类解放、以人民为本、共同富裕、社会和谐、每个人自由全面发展等。二者相通，构成马克思主义基本原理在中国落地扎根的文化基础。

第二，马克思主义基本原理同中华优秀传统文化相结合，具有结合的必要性。一是马克思主义的本性要求。马克思主义具有在现实中落地、扎根、开花、结果的本性，其产生形成与实际运用必然要考虑落地、扎根、开花、结果的具体条件包括文化土壤。二是马克思主义具有满足中国需要的实际功能。仅仅依靠中华优秀传统文化解决不了近代以来中国“向何处去”这一根本问题，历史和实践经验表明，只有运用马克思主义立场观点方法，才能解决这一问题；马克思主义要解决这一问题，首先要在中国落地、扎根，被中国共产党人和中国人民理解和掌握，这就需要同中华优秀传统文化相结合。三是实现伟大梦想的迫切需要。实现中华民族伟大复兴，迫切需要把广大人民群众团结凝聚起来，中华优秀传统文化具有这种功能，它是中华民族共有的精神血脉、精神家园和精神纽带。

第三，马克思主义基本原理同中华优秀传统文化相结合，还要精准确定结合的方式、方法。这种相结合的方式、方法，就是坚持马克思主义基本原理本质不变的前提下的“双方优势结合”和“双方功能互补”。任何结合一定会有一个主体方，无论如何结合，主体方的“本质”基本上不能改变，否则就会不伦不类。马克思主义基本原理是“结合”的主体方，中国共产党人在任何时候都必须坚持。在此前提下，我们既要运用马克思主义立场观点方法，对中华优秀传统文化实现创造性转化、创新性发展，使中华优秀传统文化服务于实现中华民族伟大复兴，服务于有效应对世界百年未有之大变局，又要汲取中华优秀传统文化的积极因素，从而进一步丰富和发展马克思主义；既要充分发挥中华优秀传统文化的积极作用，使马克思主义在中国落地、扎根，又要运用马克思主义立场观点方法解决中国问题。毛泽东等老一辈革命家的思想、理论就是这方面的典范。比如对中国哲学史上关于知与行的论争，关于两种发展观的争论，关于历史观上的道德与功利、动机与效果的讨论，他们都作出了科学的批判和总结。再比如，实事求是与思想路线、民本思想与群众路线、尚贤思想与干部路线、大同理想与构建人类命运共同体、崇德精神与党性修养、群体意识与集体主义、小康之治与小康社会等，均是我们对传统命题的创新性发展。推进马克思主义中国化，就要对从孔夫子到孙中山的思想遗产进行全面批判的继承，让五千多年思想史成为理论创新的文化血脉和取之不尽的精神资源。

第四，马克思主义基本原理同中华优秀传统文化相结合，还要确定相结合的正确路径，即确定马克思主义在中国的具体实现方式。具体来说，就是使马克思主义基本原理具有中国式体现，使马克思主义方法论获得中国式运用，使马克思主义话语拥有中国式表达。实事求是，既是马克思主义基本原理的中国式体现，也是马克思主义基本方法论的中国式运用，还是马克思主义话语的中国式表达。马克思主义的一条基本原理强调物质决定精神、社会存在决定社会意识，其中国式体现就是实事求是；马克思主义的一条基本方法论，是一切从客观实际出发，其中国式运用也是实事求是；辩证唯物主义基本原理的话语表达是客观存在决定主观意识，其中国式表达还是实事求是。

2. 马克思主义基本原理同中国具体实际相结合，使马克思主义在中国开花、结果，此可谓“化中国”

马克思主义基本原理同中国具体实际相结合更具有根本性，其内涵及实质可从两方面来理解。

第一，从“化什么”看，这涉及“结合”的根本环节。马克思主义基本原理同中国具体实际相结合，从根本上说，主要包括“谁来化”“化什么”“怎么化”“化出什么”四个环节。这里的“化”，既指使基本原理化为某种结果的一种努力和过程，也指使基本原理具有某种状态。从其内涵和实质讲，最值得我们关切的是“化什么”。“化什么”既是主体与客体互动性的内在统一，又是过程与结果的有机统一。马克思主义基本原理同中国具体实际相结合，就是“化基本原理”与“化具体实际”的有机统一。

“化基本原理”，绝不是消解马克思主义，而是马克思主义基本原理要同中国具体实际相结合，即立足中国历史方位、直面社会主要矛盾，解决中国问题，使马克思主义成为具有中国风格的中国化马克思主义。这是用“中国具体实际”转化马克思主义基本原理，确定在中国的具体实现方式，马克思主义基本原理是化的“主题内容”，中国具体实际是化的“实现方式”。

“化中国”，就是用马克思主义基本原理与中国化马克思主义武装全党、教育人民、指导实践，解决中国面临的社会主要矛盾和根本问题，改造中国实践，促进中国社会进步和人的全面发展，使中国化马克思主义成为中国共产党执政的理论基础和中国人民的精神武器。这是用马克思主义基本原理与中国化马克思主义“化中国”，马克思主义基本原理与中国化马克思主义是化的“主体”，中国实践是化的“客体”。

第二，从“马克思主义根本作用”看，坚持马克思主义基本原理同中国具体实际相结合，是因为马克思主义对满足国家发展需要、解决中国社会主要矛盾和根本问题具有十分重要的作用，中国需要用马克思主义之“矢”射中国之“的”。

马克思主义行，首先是因为马克思主义基本原理行，它能使我们站在历史正确一边，掌握历史主动。马克思主义基本原理具有穿越时空发挥指导作用的特质。掌握不掌握马克思主义基本原理，实践效果大不一样。马克思主义基本原理的首要一条，就是社会基本矛盾原理。社会基本矛盾原理的一个核心要点，就是要看生产关系与生产力、上层建筑与经济基础是否适合。所谓适合，就是一定的社会基本矛盾既能使经济社会发展充满动力和活力，也能使经济社会发展保持平衡与和谐，而当发展动能不足、发展失衡的时候，各种治理能跟上；所谓不适合，就是一定的社会基本矛盾既使经济社会发展缺乏动力和活力，也使经济社会发展失去平衡与和谐，当发展动能不足、发展失衡时，各种治理跟不上。其中所讲的经济社会发展的动力、平衡和治理状况，就是一定社会基本矛盾状况的具体体现，也蕴含着经济社会发展的一条基本规律。

我国改革开放和社会主义现代化建设，总体上遵循的就是这条规律，从而掌握了历史主动：在改革开放之初，我国总体上相对注重激活经济社会发展的动力、活力；当经济社会发展出现某种不平衡、不和谐时，我们倡导以人为本、全面协调可持续和统筹兼顾的科学发展观，努力构建社会主义和谐社会；中国特色社会主义进入新时代，针对经济社会发展的某些动能不足并出现某种失衡的情境，我们积极推进国家治理体系和治理能力现代化，致力于解决发展不平衡不充分的问题。正因如此，我们党领导人民创造了世所罕见的经济快速发展奇迹和社会长期稳定奇迹，当今正致力于创造中国之治奇迹。

马克思主义行，其次是因为中国化马克思主义行，它立足中国历史方位，直面中国社会主要矛盾，解决中国根本问题，促进中国走向成功。“中国共产党为什么能，中国特色社会主义为什么好，马克思主义为什么行”是一个有机整体，要彼此理解：中国共产党之所以能，是因为她使马克思主义行、使中国特色社会主义好；中国特色社会主义之所以好，是因为她使中国共产党能、使马克思主义行；马克思主义之所以行，是因为她使中国共产党能、使中国特色社会主义好。中国共产党人坚持把马克思主义基本原理同中国具体实际相结合、同中华优秀传统文化相结合，形成了中国化马克思主义，包括毛泽东思想、邓小平理论、“三个代表”重要思想、科学发展观、习近平新时代中国特色社会主义思想。这是“我们中国自己”的马克思主义，这样的马克思主义使中国共产党人立足中国国情，解决中国特色社会主义建设进程中出现的系列矛盾和问题，进而促进中国走向成功。

马克思主义行，还因为 21 世纪马克思主义行，它能使我们观察时代、把握时代、引领时代。21 世纪马克思主义，是世界社会主义运动中心转移到当代中国而建构的，是既能为解决人类问题又能为解释和引领 21 世纪的世界所贡献的科学理论体系，是中国理论走向世界的标识性符号。当今世界正经历百年未有之大变局，迫切需要理论解释。

面对整个世界的不确定性，首先要给出合理解释。在解释世界问题上，一段时间内，新自由主义拥有话语权，但面对世界百年未有之大变局，新自由主义出现解释困境。新自由主义在本质上奉行个人至上，注重个体力量，当个体力量面对系统力量，追求个人自由，面对动荡变革的世界，会力不从心。

相反，21 世纪马克思主义却具有解释优势。21 世纪马克思主义注重“人类主体性”“群体协同性”“命运共同性”，能以系统应对系统，以整体应对整体。面对系统性的不确定性、动荡变革，需要全人类共同努力，需要集体力量、人民力量，需要个体服从整体和大局，需要团结合作、携手克难。21 世纪马克思主义强调的正是“人类”与“群体”的协同性与主体性，强调系统整体，注重依靠人类力量、集体力量与团结合作力量，注重个体服从整体和大局，注重携手构建人类命运共同体。21 世纪马克思主义能站在历史正确一边，以确定应对不确定。21 世纪马克思主义注重运用系统思维、辩证思维和战略思维完整理解事物内部矛盾，把握事物的本质、发展趋势和规律，有助于从系统上正确处理系列复杂矛盾关系，应对种种不确定。21 世纪马克思主义是以和平发展、合作共赢为核心理念的科学理论体系，是注重携手共建人类命运共同体的科学理论体系，是注重以集体力量、人民力量、团结合作力量应对各种复杂的矛盾难题、障碍阻力、风险挑战的科学理论体系，它有助于解答社会主义与资本主义并存的21世纪和世界百年未有之大变局中的矛盾难题和人类问题，有助于我们观察时代、把握时代和引领时代。

3.“两个结合”是创新发展马克思主义的根本路径

“两个结合”的第三种内涵，是针对把马克思主义教条化的倾向，强调马克思主义要与时俱进，要通过“两个结合”推进马克思主义创新发展，用中国化马克思主义指导中国实践。

在运用马克思主义解决中国社会主要矛盾和根本问题过程中，需要解决的一个重要课题，就是防止把马克思主义教条化。在中国革命、建设、改革历史进程中，不同程度地存在着把马克思主义教条化的倾向。所谓教条主义，在本质上是一种主观与客观相分离、认识与实践相脱离、理论与实际相背离的主观唯心主义。其本质特征是：在没有完全理解和把握马克思主义的真正本质与具体实际的情况下，用“只言片语”替代“有机整体”；用“外在标签”替代“内在生成”；用“主观臆想”代替“现实联系”；用“公式套语”剪裁“具体现实”；把部分理论和具体结论看作普遍的“一般历史哲学”、包治百病的灵丹妙药；想问题、办事情从抽象原则和书本公式出发，不是从客观实际出发；离开中国国情、历史条件和具体实际，离开时代和实践的发展，固守马克思主义经典作家基于当时具体历史条件和实际情况得出的个别论断、具体结论；习惯于从经典作家的只言片语中寻求万古不变的公式和药方，并剪裁急剧变化的社会生活。教条主义是马克思主义中国化的天敌，是马克思主义基本原理同中国具体实际相结合、同中华优秀传统文化相结合的障碍，给中国革命、建设、改革带来了严重危害，其深刻教训使中国共产党人认识到：“马克思主义理论从来不是教条，而是行动的指南。它要求人们根据它的基本原则和基本方法，不断结合变化着的实际，探索解决新问题的答案，从而也发展马克思主义理论本身。”[①]这就要求我们在运用马克思主义立场观点方法解决中国社会主要矛盾和根本问题的进程中，必须反对把马克思主义教条化的倾向，不断推进马克思主义中国化，坚持马克思主义基本原理同中国具体实际、同中华优秀传统文化相结合，并创新中国化马克思主义，发挥中国化马克思主义在解决中国社会主要矛盾和根本问题中的重要作用。

中国的社会主义脱胎于政治经济相对落后的半殖民地半封建社会，既不同于马克思、恩格斯所构想的在社会生产力高度发达基础上的社会主义，也不同于具有“苏联模式”特征的社会主义。在这样的国情下怎样建设社会主义，在马克思主义发展史上确实未曾遇到过，也不可能从马克思主义的“本本”中找到现成答案。中国共产党人坚持把马克思主义基本原理同中国具体实际、同中华优秀传统文化相结合，创造性地回答了什么是马克思主义、怎样对待马克思主义，什么是社会主义、怎样建设社会主义，建设什么样的党、怎样建设党，实现什么样的发展、怎样发展，新时代坚持和发展什么样的中国特色社会主义、怎样坚持和

① 《邓小平文选》第三卷，人民出版社1993年版，第146页。

发展中国特色社会主义等重大时代课题，探索了在经济文化相对落后的国家如何建设和发展社会主义的问题，从而推进马克思主义的创新发展，形成并发展了中国化马克思主义。

当今世界正处于动荡变革期，中国特色社会主义进入新时代，新情况新问题层出不穷。如何解决好中国式现代化进程中出现的各种矛盾和问题，为实现中华民族伟大复兴铺平道路？当代中国马克思主义、21世纪马克思主义需要作出积极回应。我们需要通过推进马克思主义基本原理同中国具体实际相结合、同中华优秀传统文化相结合，以创新发展当代中国马克思主义、21世纪马克思主义。

（三）如何推进“两个结合”

当今最需要深入研究的，是如何推进“两个结合”。

1. 需要系统总结推进“两个结合”的重要经验

理论界对“两个结合”，尤其是马克思主义基本原理同中国具体实际相结合的基本经验进行了总结。有的学者分别从理论前提、实践基础、必要条件、必由之路、重要保证五个方面进行概括：科学对待马克思主义，坚定马克思主义的信念，准确地理解马克思主义基本原理和中国具体实际；坚持实事求是，一切从国情实际出发，反对各种形式的教条主义；马克思主义要与时俱进、不断创新，以发展眼光看待马克思主义和中国具体实际；始终坚持群众观点和群众路线，坚持以实现和发展最广大群众的根本利益为根本宗旨；加强中国共产党的理论建设，正确对待中国传统文化和现代文明成果，把世界性、时代性的内容与民族性的形式有机结合起来，形成鲜明的中国气派。有的学者把与“两个结合”相关的基本经验概括为五条：真正了解中国实际，一切从中国国情出发；继承优秀历史文化，创造民族形式，形成中国气派；坚持世界眼光，吸收人类文明一切优秀成果；让马克思主义理论掌握群众，使之成为改造中国的强大物质力量；解放思想，与时俱进，不断总结实践经验，实现理论创新。

在吸收理论界研究成果的基础上，总结并坚持推进“两个结合”的经验，可从“中国化”本身和“中国化时代化”整体两方面入手。

就“中国化”本身而言，我们曾经认为，“两个结合”的经验可概括为四个“着眼于”：以分析解决中国问题为中心，着眼于从历史发展阶段与社会主要矛盾来把握中国国情；着眼于从正确的政治方向，正确的思想路线，正确的价值标准，正确处理中国革命、建设、改革进程中出现的矛盾关系来把握中国历史经验；着眼于从符合历史规律且有利于社会进步和人的发展来把握中华优秀传统文化；着眼于从时间、空间和条件出发把握中国实践发展要求。具体来说，主要有以下几个方面的内容。

（1）从目的看，推进“两个结合”的过程，实质上就是以解决中国问题为中心的过程。为了解决中国革命、建设、改革中的重大问题，确有推进“两个结合”的必要。

（2）从总体看，推进“两个结合”首先要把握中国国情，中国国情在根本上可从历史发展阶段与社会主要矛盾来理解。不同历史发展阶段及其社会主要矛盾蕴含着不同的中国问题。

（3）从历史看，推进“两个结合”需要做到“三个必须”：必须把握好正确的政治方向，必须坚持解放思想、实事求是的思想路线，必须确立并坚持判断推进“两个结合”成效的根本标准。

（4）从推进“两个结合”的历史进程看，必须正确处理中国革命、建设、改革进程中出现的系列矛盾关系，推动理论和实践不断发展。

（5）从传统看，在推进“两个结合”进程中，必须考虑结合的“血脉”问题，即如何汲取中华优秀传统文化的积极因素，进行创造性转化、创新性发展。

（6）从实践发展进程看，中国共产党人着眼于从不同历史方位、社会主要矛盾、所解决的根本问题、首要任务出发，来把握中国实践发展新要求，进而推进“两个结合”。

就“中国化时代化”作为整体而言，也积累了一些基本经验。这里的中国化时代化，就是马克思主义中国化时代化。推进“两个结合”的基本经验可概括为：推进“两个结合”只有体现时代发展要求和人民大众利益，才能得到顺利健康的发展，离开时代发展就会落后于时代发展所要求的水平，离开人民大众利益就得不到人民大众的认同。

推进“两个结合”实际上是推进马克思主义中国化的一条基本规律，它揭示了马克思主义中国化的“历史”“现实”“理论”三个根本环节，建立起了“历史”“现实”“理论”之间的本质联系，实现三者有机统一。

2. 需要把握中国具体实际的根本，确定结合点

推进马克思主义基本原理同中国具体实际相结合的方式，最为根本的就是理清“中国具体实际”的内涵，这涉及确定“结合点”的问题。

究竟什么是“中国具体实际”？“结合点”到底是什么？对此，不能知其然而不知其所以然。这是需要进一步理清的重要问题。不然，对“中国具体实际”“结合点”的理解就会陷入人云亦云的境地。理解和把握“中国具体实际”，需要从“历史方位”“社会主要矛盾”“根本问题”“中国道路”四个核心要素入手。

首先是“历史方位”，这是“中国具体实际”的时空维度。任何一种具体实际，都是一定历史时间中的实际，也是特定空间中的实际。中国的具体实际与美国的具体实际有很大差异，新民主主义革命时期的具体实际同改革开放和社会主义现代化建设新时期的具体实际也有所不同。

其次是“社会主要矛盾”，这是“中国具体实际”的本质维度。人类活动错综复杂、千差万别、千变万化，但归根结底可以还原到两个根本原点，即需求和供给。社会主要矛盾，表达的是一个社会的总体需求状况和供给状况及其供给满足需求的状况。一个社会的社会主要矛盾状况，是判断一个社会基本国情的主要依据之一，是判断一个社会整体发展状况的主要依据之一，是制定路线方针政策的主要依据之一，是党中央治国理政的基本依据，因而具有本质性。理解和把握“中国具体实际”，就必须把一定历史方位中的“社会主要矛盾”状况作为一个核心要素。从

毛泽东到习近平，中国共产党人从来都十分关切社会主要矛盾，就是如此。

再次是“根本问题”，这是“中国具体实际”的时代维度。科学解答时代问题是马克思主义出场的基本路径，创造性地回答时代课题是马克思主义发展的动力。如马克思所言：“问题却是公开的、无所顾忌的、支配一切个人的时代之声。问题是时代的格言，是表现时代自己内心状态的最实际的呼声。”[①] 源自西方的马克思主义之所以能够在中国大地落地、扎根、开花、结果，其自身的科学性、革命性、实践性固然重要，但更为重要的，是因为它契合了中国解决主要矛盾和根本问题的迫切需要。我们所解决的根本问题是社会主要矛盾的具体呈现，我们所讲的根本问题，背后都是社会主要矛盾使然。“中国具体实际”，自然包括一定历史方位所面临的社会主要矛盾及其蕴含的根本问题。中国共产党人在不同时期面临的“时代课题”，都与不同时期的社会主要矛盾及其所蕴含的根本问题直接相关。马克思主义基本原理同中国具体实际相结合，其首要目的，就是破解一定历史方位中的社会主要矛盾及其所蕴含的根本问题。自诞生那一天起，就强调使马克思主义基本原理同中国具体实际相结合，就是要运用马克思主义立场观点方法，来解决我们党所面临的根本问题和现实问题。正如习近平总书记所强调的：“我们中国共产党人干革命、搞建设、抓改革，从来都是为了解决中国的现实问题。”[②]

最后是“中国道路”，这是“中国具体实际”的实践维度。

① 《马克思恩格斯全集》第一卷，人民出版社 1995 年版，第 203 页。
② 《习近平谈治国理政》第一卷，外文出版社 2018 年版，第 74 页。

破解社会主要矛盾，解决中国问题，关键在于找到一条正确的中国道路。“中国道路”的核心，既包括奋斗目标，也包括实现奋斗目标的实践方略。作为奋斗目标，它是所解决的社会主要矛盾和根本问题的一种方向性表达；作为实践方略，它是解决社会主要矛盾和根本问题的根本方式。中国道路，就是直奔解决社会主要矛盾和根本问题而去的。比如，中国式现代化新道路，就是直奔解决人民日益增长的美好生活需要和不平衡不充分的发展之间的矛盾而去的，进而是直奔解决其中所蕴含的人民生活“美好不美好”、国家“强不强”、世界“和平不和平”和政党“硬不硬”等根本问题而去的。“中国具体实际”，自然包括“中国道路”这一要素。马克思主义基本原理同中国具体实际相结合，最根本的就是找到一条能解决一定历史方位的社会主要矛盾和根本问题的正确道路。

谈到中国道路，就涉及“两个结合”与中国式现代化新道路之间的关系。坚持并推进“两个结合”的目的之一，既是寻求破解中国社会主要矛盾和根本问题的正确道路，也是为了使中国道路具有中华文化基因，使其有助于解决中国社会主要矛盾和根本问题。所以，坚持并推进“两个结合”与中国式现代化新道路，本质上是同一问题的两个侧面，即在创造中国式现代化新道路进程中不断推进马克思主义中国化及“两个结合”，而不断推进马克思主义中国化及“两个结合”，也要紧紧围绕创造中国式现代化新道路来进行。

3. 需要提炼中华优秀传统文化精髓，寻求结合方式

首先，中华优秀传统文化是中国人理解马克思主义基本原理的起点，是推进马克思主义中国化的思想资源，它使马克思主义中国化具有民族根基与文化血脉。

马克思主义基本原理同中华优秀传统文化相结合，本是马克思主义中国化的题中应有之义。以往对马克思主义中国化的理解，主要侧重于“把马克思主义基本原理同中国具体实际相结合”，在一定程度上相对忽略同中华优秀传统文化相结合。毛泽东思想、邓小平理论、“三个代表”重要思想、科学发展观、习近平新时代中国特色社会主义思想等理论创新成果表明，中华文化是中国人理解马克思主义基本原理的“起点”，其优秀成分更是马克思主义在“中国化”过程中不断得到丰富与发展的肥沃土壤。正如产生于西方文化语境的马克思主义有自己的理论来源一样，具有五千多年历史文化传统的中华文明也构成马克思主义中国化的思想资源。马克思主义基本原理同中华优秀传统文化相结合，不仅要系统梳理中华优秀传统文化遗产，对从孔夫子到孙中山的思想遗产进行全面批判继承，更要进一步研究这一文化遗产如何为党的创新理论所进行的扬弃性继承。只有这样，马克思主义基本原理才会真正具有民族根基与文化血脉，才能真正做到同中华优秀传统文化相结合。

其次，可以在中华传统文化中寻求结合方式，既对其精华进行创造性转化、创新性发展，又运用马克思主义立场观点方法克服其历史局限，以丰富发展马克思主义。这种结合方式可概括为“双方优势结合”和“双方功能互补”。

如何处理好马克思主义基本原理同中华优秀传统文化的关系，是一个焦点问题。有些学者拒斥中华传统文化，另一些学者希望在中华传统文化中找到马克思主义的因素。实际上，如果马克思主义基本原理不同中华优秀传统文化相结合，中国化马克思主义就会失去中华文化之根；而仅仅谈中华传统文化复兴，中国化马克思主义又难以获得自己的超越性和时代性。这里的关键，是如何寻求马克思主义基本原理同中华优秀传统文化相结合的方式。可以基于“体用关系”来寻求其结合方式，即马克思主义基本原理是“体”，中华优秀传统文化是“月”，我们既要弘扬中华优秀传统文化，使马克思主义在中国落地、扎根，又要超越中华传统文化的历史局限，运用马克思主义对其实现创造性转化、创新性发展。

从中华民族文化的包容性看，马克思主义中国化就是中华民族从文化心理上接受马克思主义，进而对自身的传统文化进行扬弃的创新过程。中华优秀传统文化是在漫长的历史演变中，由不同民族、不同地域文化的世代传承交汇融合而成的，其突出特点是海纳百川、兼容并包。如果没有中华民族文化的包容性，马克思主义中国化不可能有广泛的群众基础。要进一步立足当代中国和世界的发展，运用马克思主义立场观点方法，对中华传统文化进行深入发掘和提炼，重构一种真正面向现代化、面向世界、面向未来的中国特色社会主义文化；与此同时，也要使马克思主义更深层地融入中华文化之中，从而具有深厚的中华文化底蕴，具有更鲜活的民族表达方式，具有鲜明的民族特色。

要而言之，马克思主义基本原理和中华优秀传统文化的“体用关系”，可以从中华优秀传统文化中找到马克思主义创新发展和发挥作用的生长点，这是通过对中华优秀传统文化实现创造性转化和创新性发展实现的。习近平总书记就是在充分吸收中华优秀传统文化中关于世界大同、协和万邦、兼济天下等积极有益的思想的基础上，提出构建人类命运共同体，从而创新发展了21世纪马克思主义的。

需澄清的是，在推进中国式现代化进程中，不是传统文化挽救了中国，而是中国革命的胜利使传统文化免于同近代中国社会和民族的衰败一道走向没落；不是传统文化把一个满目疮痍、贫穷落后的中国推向世界，而是当代中国的改革开放和社会主义现代化建设以及推进中华民族伟大复兴把传统文化推向世界，使中华优秀传统文化重振雄风成为可能。没有一个强大的中国，就不会有一个名扬四海的孔夫子。中华传统文化确有其历史局限，其重权力轻能力的价值取向、重管治轻服务的权力运作方式、重人治轻法治的社会意识、重直觉感悟轻科学理性的思维方式等，与马克思主义文化特质有很大不同。这意味着马克思主义对中华传统文化肩负着创造性转化、创新性发展的重任。在转化和发展过程中，传统文化的积极因素和消极因素都会发挥作用，我们要警惕在马克思主义基本原理与之结合过程中某些消极东西的渗入。

最后，让马克思主义讲“中国话语”。马克思主义基本原理的话语表达至关重要。人们在进行对话交流时，对不懂英语的人讲英语对方就听不懂，对不懂粤语的人讲粤语对方也听不懂，对3岁的儿童讲大人的道理对方更听不懂，这里有一个话语表达问题。要使马克思主义基本原理在中国落地、扎根、开花、结果，就需要让马克思主义讲“中国话语”，以便中国人理解、把握、接受马克思主义。如马克思主义关于辩证唯物论的基本原理，在中国讲就是实事求是；关于人民群众是历史创造者的原理，在中国讲就是以人民为中心；关于民主的基本原理，在中国讲就是全过程人民民主；马克思主义的中国化表达，就是毛泽东思想、邓小平理论、“三个代表”重要思想、科学发展观、习近平新时代中国特色社会主义思想。

三、新的文化使命：建设中华民族现代文明

2023 年 6 月 2 日，习近平总书记在文化传承发展座谈会上的讲话中指出：“在新的起点上继续推动文化繁荣、建设文化强国、建设中华民族现代文明，是我们在新时代新的文化使命。”[①]2023 年 10 月 7 日至 8 日，中央召开全国宣传思想文化工作会议。习近平总书记对宣传思想文化工作作出重要指示，再一次强调在新的历史起点上继续推动文化繁荣、建设文化强国、建设中华民族现代文明这一新的文化使命。这里，中华民族现代文明，就是“第二个结合”产生的“化学反应”而造就、形成的有机统一的新的文化生命体，它推动了中华文明的生命更新和现代

① 习近平：《在文化传承发展座谈会上的讲话》，《求是》2023 年第 17 期。

转型，成为中华文明的现代形态，也是新时代新的文化使命。因而，我们应在“第二个结合”的逻辑中理解和把握建设中华民族现代文明之内涵。

（一）建设中华民族现代文明，是“第二个结合”产生深刻“化学反应”的产物

提出并阐述“第二个结合”的内在逻辑，首先是新时代把中华优秀传统文化从中国具体实际中相对独立出来，把“第二个结合”从“第一个结合”中相对独立出来。“中国具体实际”不同，对“中华优秀传统文化”的认识就相对不同。新民主主义革命时期、社会主义革命和建设时期、改革开放和社会主义现代化建设新时期，这三个历史时期的“中国具体实际”之内涵，都内在要求凸显马克思主义的重要意义。

把中华优秀传统文化从中国具体实际中相对独立出来，强调“第二个结合”，是由于新时代中国具体实际使中华优秀传统文化具有特殊的时代意义，它是中国思想文化的“根脉”。因为中国特色社会主义进入新时代，中国具体实际的内涵主要体现为强国建设、民族复兴以及和平发展、合作共赢、丰富人民精神世界、增强人民精神力量。由此，就需要重估中华优秀传统文化的时代价值和世界意义，提升中华优秀传统文化在推进马克思主义中国化时代化，在推进理论创新、理论建设中的时代地位和作用。

建设中华民族现代文明，是“第二个结合”产生深刻“化学

反应”的产物，它以中华优秀传统文化为根脉，是一种有机统一的新的文化生命体，是中华文明的生命更新和现代转型，是中华文明的现代形态，是我们在新时代新的文化使命。就是说，中华民族现代文明是中华文明的现代形态，它实现了中华文明的生命更新和现代转型，即从中华文明的传统形态转型为中华文明的现代形态。这是我们在新时代谈论中华文明的逻辑起点，应以中华民族现代文明为标识，应以中华民族现代文明为基石，来谈论它与西方文明的比较优势，以及它在创造人类文明新形态上的显著优势。这意味着，我们应当在中国式现代化的文化形态和中华民族现代文明基础上，进一步建构起中国式现代化的理论体系和话语体系，打开中国理论和思想文化的创新空间，以解构“西方中心论”的理论体系和话语体系，进而破解“古今中西之争”，掌握思想文化的主体性。中华民族现代文明同中国式现代化一道，是建构中国式现代化的理论体系和话语体系并解构“西方中心论”理论体系和话语体系的基石，是我们确立思想文化主体性的基础。

（二）应深入到哲学根基上来建构中国式现代化的理论体系和话语体系

“西方中心论”的理论体系和话语体系，是伴随近代西方现代化、工业化、全球化与殖民扩张提出的一个概念，是西方文艺复兴后资本主义凭借其经济、政治、文化优势而向全球扩张的产物，它建立在现代化、种族、文化、文明、宗教等所谓优越性基础之上。它产生于18世纪中后期，发展于19世纪。黑格尔哲学为“西方中心论”作了最为精致的哲学论证，使其成为一种完备的哲学理论形态。“西方中心论”之实质，是为西方资产阶级主宰世界制造历史合法性的意识形态论证，其中最具总体和基石意义的，就是“西方文明一元论”。

西方文明一元论是总体性概念，表达的是总体性问题，它是建立在以“理性和解放”“自由和民主”“市场和资本”“市民社会和个人利益”“普世价值和文明开化”为核心理念的线性历史观基础上的。西方文明一元论的话语对象是西方现代化、西方文明与全球化；话语理念是“资本主导”“主统治客”；话语标识是“线性道路”“单数文明”“民族优越”“人性辩护”“社会进化”“理性尺度”“普世价值”“开化使命”“美丽神话”“唯一哲学”；话语思想是把进步化为中心、把特殊说成普遍、把西方当成世界、把文化等同文明、把现代化等于西方化。其实质就是把世界唯“西”化→把西方唯“一”化→把唯一“统一”化→把统一“统治”化→把统治神话美化→若不服从统治就“围堵打压”。显然，这种文明一元论开不出人类文明和人类文明新形态之花，反而会异化为野蛮，与文明相距甚远，与人类文明本质相悖，与人类文明新形态背道而驰。

意识形态建设的核心，是理论建设和话语建设，当今首先应注重中国式现代化理论体系和话语体系建设，而且应深入到哲学根基上来建构中国式现代化的理论体系和话语体系。只有深入到哲学根基，才能真正从根本上解构“西方中心论”的理论体系和话语体系，中国式现代化的理论体系和话语体系是解构“西方中心论”的理论体系和话语体系的利器，它就是针对“西方中心论”而出场的。

进一步来说，从意识形态建设角度讲，“西方中心论”的理论体系、话语体系与中国式现代化的理论体系、话语体系是两种根本不同的意识形态。当前，一切意识形态之争，一切“古今中西之争”，都可以归结为这两种理论体系、话语体系之争，都可以在这两种理论体系、话语体系之争中得到理解。所以，研究这两种理论体系和话语体系，就构成了当前我国理论研究的具有总体性的首要的前沿问题。把这两种理论体系、话语体系及其实质搞清楚了，其他关于意识形态领域的重大理论和实践问题，也就容易搞清楚了。

（三）中国式现代化、中华民族现代文明能开出人类文明新形态之花

解构“西方中心论”的理论体系和话语体系，建构中国式现代化的理论体系和话语体系，其实质就是要论证中国式现代化、中华民族现代文明能开出人类文明新形态之花。建构中国式现代化的理论体系、话语体系，其中最具总体和基石意义的，就是“建设中华民族现代文明”。

能开出人类文明新形态之花的中华民族现代文明是一种什么文明？在历史时间上，它是从“物的依赖”的工业文明走出来的“生态文明”；在历史空间上，是建设中华民族现代文明基础上的“和合普惠文明”；在经济社会发展上，是超越物质主义单向

度发展的“全要素文明”；在生产关系上，是区别资本主义“资本文明”的社会主义“人本文明”和中国特色社会主义“民本文明”。

四、造就有机统一的新的文化生命体

在文化传承发展座谈会上，习近平总书记深入阐释“两个结合”的重大意义，强调“结合”的结果是互相成就，造就了一个有机统一的新的文化生命体。“第二个结合”让马克思主义成为中国的，中华优秀传统文化成为现代的，让经由“结合”而形成的新文化成为中国式现代化的文化形态。习近平总书记的重要论述，深化了对文化建设的规律性认识，揭示了“两个结合”的运动规律和成果形态，为新时代推动文化繁荣、建设文化强国、建设中华民族现代文明指明了方向、明确了路径。

（一）“结合”是深刻的“化学反应”

习近平总书记指出：“‘结合’不是‘拼盘’，不是简单的‘物理反应’，而是深刻的‘化学反应’，造就了一个有机统一的新的文化生命体。”[①]“结合”之所以是深刻的“化学反应”，是因为“结合”的前提是马克思主义和中华优秀传统文化存在高

① 习近平：《在文化传承发展座谈会上的讲话》，《求是》2023 年第 17 期。

度的契合性，二者互相激发、互相成就，从而造就了有机统一的新的文化生命体。

在“结合”的过程中，一方面，中华优秀传统文化充实了马克思主义的文化生命，为马克思主义中国化时代化提供了丰厚的历史文化滋养，使马克思主义扎根于中华优秀传统文化沃土，显示出日益鲜明的中国风格与中国气派，始终保持蓬勃生机和旺盛活力；另一方面，马克思主义以真理之光激活中华优秀传统文化中富有生命力的优秀因子并赋予其新的时代内涵，推动中华优秀传统文化创造性转化、创新性发展，成为同当代中国相适应、同现代社会相协调、同现实文化相融通的新文化，呈现出新的时代价值和世界意义。通过深刻的“化学反应”形成的新的文化成果，既坚守马克思主义这个魂脉和中华优秀传统文化这个根脉，又合理借鉴人类文明一切优秀成果，反映时代发展趋势，是一个具有系统性、先进性、引领性的文化生命体，也是一个富有成长性和生命力的文化形态，必然随着实践深入而不断丰富发展。

（二）为破解“古今中西之争”提供新的逻辑起点

习近平总书记强调：“经过长期努力，我们比以往任何一个时代都更有条件破解‘古今中西之争’，也比以往任何一个时代都更迫切需要一批熔铸古今、汇通中西的文化成果。”[①] 新的文化生命体为推进中国式现代化提供了丰厚底蕴，奠定了坚实根基，也为破解“古今中西之争”提供了新的逻辑起点。中国式现代化

① 习近平:《在文化传承发展座谈会上的讲话》,《求是》2023 年第 17 期。

的文化形态“不忘本来”，继承和弘扬中华优秀传统文化精华；“吸收外来”，吸收借鉴一切人类文明优秀成果；“面向未来”，符合中国特色社会主义发展趋势，是立足中国、放眼世界，具有突出特性、拥有博大气象的文化。这一新的文化生命体彰显马克思主义的价值取向，追求物质文明、政治文明、精神文明、社会文明、生态文明协调发展，崇尚和平发展、合作共赢，注重以文明交流超越文明隔阂、以文明互鉴超越文明冲突、以文明共存超越文明优越，不断增进各国人民以及不同文明间的相互理解、相互尊重、相互欣赏，区别于西方资本主义那种殖民扩张、零和博弈，具有排他性的文化单边主义。

“结合”造就的新的文化生命体遵循文明发展规律、适应时代发展潮流，“结合”形成的新文化是中国式现代化的文化形态。中国式现代化，深深植根于中华优秀传统文化，体现科学社会主义的先进本质，借鉴吸收一切人类优秀文明成果，是一种全新的人类文明形态。它打破了“现代化 = 西方化”的迷思，解构了西方中心主义的话语体系，彰显了我国在现代化问题上的独立性、自主性，巩固了文化主体性，为人类实现现代化提供了新的选择，为创造人类文明新形态、引领世界文明发展进步贡献了中国智慧。

（三）不断推动中华文明生命更新和现代转型

习近平总书记提出新时代新的文化使命。更好担负起新的文化使命，就要坚持中国特色社会主义文化发展道路，坚守马克思主义这个魂脉和中华优秀传统文化这个根脉，在“两个结合”中不断开辟马克思主义中国化时代化新境界，不断推动中华文明生命更新和现代转型。

对历史最好的继承就是创造新的历史，对人类文明最大的礼敬就是创造人类文明新形态。随着中国式现代化的推进和拓展，中华文明也必将顺应时代发展实现生命更新和现代转型，焕发出更加蓬勃的生命力。要坚定文化自信，坚持走自己的路，既不盲从各种教条，也不照搬外国理论，而是立足中华民族伟大历史实践和当代实践，用中国道理总结好中国经验，把中国经验提升为中国理论，实现精神上的独立自主。秉持开放包容，以开放的姿态、包容的胸怀，更加积极主动地学习借鉴人类创造的一切优秀文明成果，坚持马克思主义中国化时代化，传承发展中华优秀传统文化，促进外来文化本土化，不断培育和创造新时代中国特色社会主义文化，努力造就一批熔铸古今、汇通中西的文化成果，使我们的文明更具活力、更加强大。坚持守正创新，坚持马克思主义在意识形态领域指导地位的根本制度，坚持“两个结合”的根本要求，坚持中国共产党的文化领导权和中华民族的文化主体性，坚守本根的同时又与时俱进、勇于创新，在马克思主义指导下真正做到古为今用、洋为中用、辩证取舍、推陈出新，不断为丰富和发展人类文明新形态注入新的活力。

第五章

中国式现代化的思想指引

一、“两个确立”的决定性意义及内在逻辑

理论上清醒，政治上才能坚定。党的十九届六中全会通过的《中共中央关于党的百年奋斗重大成就和历史经验的决议》指出：“习近平同志对关系新时代党和国家事业发展的一系列重大理论和实践问题进行了深邃思考和科学判断，就新时代坚持和发展什么样的中国特色社会主义、怎样坚持和发展中国特色社会主义，建设什么样的社会主义现代化强国、怎样建设社会主义现代化强国，建设什么样的长期执政的马克思主义政党、怎样建设长期执政的马克思主义政党等重大时代课题，提出一系列原创性的治国理政新理念新思想新战略，是习近平新时代中国特色社会主义思想的主要创立者。习近平新时代中国特色社会主义思想是当代中国马克思主义、二十一世纪马克思主义，是中华文化和中国精神的时代精华，实现了马克思主义中国化新的飞跃。党确立习近平同志党中央的核心、全党的核心地位，确立习近平新时代中国特色社会主义思想的指导地位，反映了全党全军全国各族人

民共同心愿，对新时代党和国家事业发展、对推进中华民族伟大复兴历史进程具有决定性意义。”[①]我们要从理论逻辑、历史逻辑、现实逻辑三个层面深刻领会“两个确立”的必然性和决定性意义，坚定不移维护习近平总书记党中央的核心、全党的核心地位，进一步学懂弄通做实习近平新时代中国特色社会主义思想。

（一）“两个确立”的理论基础

“两个确立”是一个有机整体，从理论逻辑来看，“两个确立”的决定性意义，是以唯物史观关于客观规律性和主观能动性相统一等论述为哲学基础的。

唯物史观既强调客观规律性，认为历史发展是一个有规律可循的自然发展过程，同时也认为历史是由人书写的，人的活动创造和推动着历史发展，因而历史发展又与人的主观能动性直接相关。

从历史发展的客观性来讲，中国特色社会主义进入新时代，要在新的历史条件下继续夺取中国特色社会主义伟大胜利，关键是要努力做到以下几点：在全面建成小康社会的基础上，全面建成社会主义现代化强国；创造人民美好生活，实现全体人民共同富裕；实现中华民族伟大复兴；为人类作出更大贡献。其实质，就是为人民谋幸福、为民族谋复兴、为世界谋大同。同时，只有充分正确发挥历史主体的主观能动性，才能真正保证为人民谋幸

① 《中共中央关于党的百年奋斗重大成就和历史经验的决议》，人民出版社 2021 年版，第 25—26 页。

福、为民族谋复兴、为世界谋大同。而要充分正确发挥历史主体的主观能动性，一靠人民群众对历史发展的积极推动作用，二靠领袖人物的领航掌舵作用。“两个确立”反映了全党全军全国各族人民共同心愿，对新时代党和国家事业发展、对推进中华民族伟大复兴历史进程具有决定性意义。

（二）“两个确立”的历史逻辑

“两个确立”蕴含着深刻的历史逻辑。这里所说的历史，一是党史，二是我国社会主义建设的实践探索史。

从中国共产党的百年历史可见，我们党什么时候具有坚强的领导核心，什么时候具有正确的指导思想，什么时候就能取得胜利。1935 年，中央政治局在长征途中召开遵义会议，事实上确立了毛泽东同志在党中央和红军的领导地位，开始确立以毛泽东同志为主要代表的马克思主义正确路线在党中央的领导地位，开始形成以毛泽东同志为核心的党的第一代中央领导集体，开启了党独立自主解决中国革命实际问题的新阶段，在最危急关头挽救了党、挽救了红军、挽救了中国革命。党的十八大以来，以习近平同志为核心的党中央立足新的历史方位，把握发展大势，引领时代潮流，以伟大的历史主动精神、巨大的政治勇气、强烈的责任担当，出台一系列重大方针政策，推出一系列重大举措，推进一系列重大工作，战胜一系列重大风险挑战，解决了许多长期想解决而没有解决的难题，办成了许多过去想办而没有办成的大事，交出了一份人民满意、世界瞩目、可以载入史册的优异答卷。党和国家事业之所以能够取得历史性成就、发生历史性变革，最根本的原因在于有习近平总书记作为党中央的核心、全党的核心掌舵领航，在于有习近平新时代中国特色社会主义思想科学指引。

再看我国社会主义建设的实践探索史。习近平总书记在省部级主要领导干部学习贯彻十八届三中全会精神全面深化改革专题研讨班上的讲话中提出："从形成更加成熟更加定型的制度看，我国社会主义实践的前半程已经走过了，前半程我们的主要历史任务是建立社会主义基本制度，并在这个基础上进行改革，现在已经有了很好的基础。后半程，我们的主要历史任务是完善和发展中国特色社会主义制度，为党和国家事业发展、为人民幸福安康、为社会和谐稳定、为国家长治久安提供一整套更完备、更稳定、更管用的制度体系。"[①] 党的十九届四中全会重点阐述坚持和完善支撑中国特色社会主义制度的根本制度、基本制度、重要制度，强调"完善坚定维护党中央权威和集中统一领导的各项制度""坚持马克思主义在意识形态领域指导地位的根本制度"。坚持和完善这些制度与"两个确立"高度契合，对于推动全党增强"四个意识"、坚定"四个自信"、做到"两个维护"，自觉在思想上政治上行动上同以习近平同志为核心的党中央保持高度一致，坚决把维护习近平总书记党中央的核心、全党的核心地位落到实处，全面贯彻落实习近平新时代中国特色社会主义思想，具有重要意义。

---

① 中共中央文献研究室编：《习近平关于全面深化改革论述摘编》，中央文献出版社 2014 年版，第 27 页。

（三）“两个确立”的决定性意义

今天，我们比历史上任何时期都更接近、更有信心和能力实现中华民族伟大复兴的目标。新征程上，我们要以咬定青山不放松的执着奋力实现既定目标，以行百里者半九十的清醒推进中华民族伟大复兴。从现实逻辑来看，实现中华民族伟大复兴进入了不可逆转的历史进程，我国决不能在根本性问题上出现颠覆性错误，“两个确立”是围绕站在历史正确一边并掌握历史主动而提出的重大论断。

站在历史正确一边并掌握历史主动，就必须坚持党的集中统一领导。中国共产党领导是中国特色社会主义最本质的特征，是中国特色社会主义制度的最大优势，是党和国家的根本所在、命脉所在，是全国各族人民的利益所系、命运所系。中国共产党治国理政，能自觉主动深化对共产党执政规律、社会主义建设规律、人类社会发展规律的认识，并自觉主动掌握和运用好这些规律。这就使中国共产党能进行科学决策、制定正确政策、保证实践成功。中国共产党治国理政，能清醒地认识到党的根基在人民、血脉在人民、力量在人民，人民是党执政兴国的最大底气，因而能够做到把人民放在心中最高的位置，把人民对美好生活的向往作为奋斗目标，一切为了人民，一切依靠人民，坚持人民至上。这就使中国共产党能够调动亿万人民群众的积极性主动性创造性，为实现中华民族伟大复兴凝聚磅礴力量。

站在历史正确一边并掌握历史主动，就必须与时俱进地深入推进马克思主义中国化时代化。马克思主义是我们立党立国、兴党兴国的根本指导思想。只有善于运用马克思主义的立场观点方法观察时代、把握时代、引领时代，牢牢掌握意识形态工作领导权，才能为开创党和国家事业新局面提供坚强思想保证和强大精神力量。纵观百年党史，我们党之所以能够领导人民在一次次求索、一次次挫折、一次次开拓中完成中国其他各种政治力量不可能完成的艰巨任务，根本在于坚持把马克思主义基本原理同中国具体实际相结合、同中华优秀传统文化相结合，坚持解放思想、实事求是、与时俱进、求真务实，及时回答中国之问、世界之问、人民之问、时代之问，不断推进马克思主义中国化时代化。

确立习近平同志党中央的核心、全党的核心地位，能确保站在历史正确一边并掌握历史主动。在国家治理体系的大棋局中，党中央是坐镇中军帐的“帅”，车马炮各展其长，一盘棋大局分明。党的十八大以来，党中央权威和集中统一领导得到有力保证，党的领导制度体系不断完善，党的领导方式更加科学，全党思想上更加统一、政治上更加团结、行动上更加一致。我们战胜一系列重大风险挑战，充分证明了以习近平同志为核心的党中央具有无比坚强的领导力，是风雨来袭时中国人民最可靠的主心骨。

确立习近平新时代中国特色社会主义思想的指导地位，能确保站在历史正确一边并掌握历史主动。习近平新时代中国特色社会主义思想是当代中国马克思主义、二十一世纪马克思主义，是中华文化和中国精神的时代精华，实现了马克思主义中国化时代化新的飞跃，是我们党进一步认识把握运用共产党执政规律、社会主义建设规律、人类社会发展规律的科学世界观和方法论，是中国共产党人认识世界、改造世界的科学世界观和方法论，也是实现中华民族伟大复兴的行动指南。

在以习近平同志为核心的党中央坚强领导下，在习近平新时代中国特色社会主义思想科学指引下，我们实现了第一个百年奋斗目标，在中华大地上全面建成了小康社会，已经踏上全面建设社会主义现代化国家新征程，正在向第二个百年奋斗目标迈进。党确立习近平同志党中央的核心、全党的核心地位，确立习近平新时代中国特色社会主义思想的指导地位，为坚定不移推进中华民族伟大复兴历史进程提供了根本保证。新征程上，切实增强对“两个确立”的政治认同、思想认同、理论认同、情感认同，把“两个确立”真正转化为坚决做到“两个维护”的思想自觉、政治自觉、行动自觉，我们就一定能够汇聚起更为磅礴的奋进力量，实现中华民族伟大复兴的宏伟目标。

二、以学理方式把握习近平新时代中国特色社会主义思想的科学体系

2023 年 6 月 30 日，习近平总书记在二十届中央政治局第六次集体学习时的讲话中指出：“推进理论的体系化学理化，是理论创新的内在要求和重要途径。”[①] 这不仅是党的理论创新的内在

① 习近平：《开辟马克思主义中国化时代化新境界》，《求是》2023 年第 20 期。

要求，也表明理论界对党的创新理论研究要进入一个新的阶段、层次和水平，向新的高度和深度提升。体系化注重理论观点之间的逻辑结构、总体框架及其构成的完整性、完备性；学理化注重思想挖掘的深入化、话语表达的学理化、内容阐释的学理化、精髓概括的学理化、理论建构的逻辑化，且深入挖掘重大政治命题和论断背后的道理学理哲理。体系化内在要求学理化，学理化服务于体系化。本书严格按照中央关于“体系化、学理化”的要求，在研究和表述中，既知其言更知其义、既知其然更知其所以然、既知其语更知其道，在严格同中央精神对表并尊重“文本原意”的前提下，力求以学理化方式精准挖掘相关重大政治命题和论断背后的道理学理哲理，且上升到科学体系高度、深入到学理深层面，力求把习近平新时代中国特色社会主义思想的科学体系和逻辑结构呈现出来。

以学理化方式提炼概括、全面把握习近平新时代中国特色社会主义思想的科学体系，首先需要确定一种方法论。这可从两方面入手。

第一，基于习近平治国理政的实践来把握这一科学体系的板块结构、内在逻辑和总体框架。实践是理论之源。“每一个时代的理论思维，包括我们这个时代的理论思维，都是一种历史的产物，它在不同的时代具有完全不同的形式，同时具有完全不同的内容。”[①] 这意味着首先要搞清楚习近平治国理政实践及其所处的时间、空间、条件即“历史方位”（也就是人们常说的时代背

① 《马克思恩格斯选集》第三卷，人民出版社 2012 年版，第 873 页。

景）。党的十八大以来，中国特色社会主义进入了新时代，我国发展站在新的历史起点上。每个时代总有属于它自己的问题，问题就是时代的口号。每个时代只能提出它能解决的问题、提出它能完成的任务。习近平治国理政实践所解决的时代性问题，是强国建设、民族复兴，集中解决“大而不强”的问题，迎来从站起来、富起来到强起来的伟大飞跃。解决时代性问题、完成历史任务、实现奋斗目标，在习近平总书记那里，既运用“哲学方法”，也采取“总体方略”，还提供“全面保障”。最为关键的是需要一个强大的“领导主体”。

第二，从比喻意义上理解这一科学体系的板块结构、内在逻辑和总体框架。可从把握“一棵参天大树”的板块结构入手。一棵参天大树，首先要搞清楚它是“在什么时候、什么地方、什么条件下栽的”，这好比科学体系的“历史方位”；其次要搞清楚这棵大树的“根”深不深、实不实、牢不牢，根深才能叶茂，这好比科学体系的“哲学根基”；再次要搞清楚这棵大树的“主干”高不高、粗不粗，这好比科学体系的“体系主干”；接下来，也需要搞清楚这棵大树主干上长出来的“枝干”多不多、旺不旺、茂不茂，这好比科学体系的“体系枝干”；接下来，又需要搞清楚这棵大树“所需要的环境、维护和保障”，这好比科学体系中的所谓“全面保障”；再接下来，还要进一步搞清楚负责这棵大树“管理、栽培、浇水、施肥、扎根、开花、结果、收获的主体”，这好比科学体系中的“领导主体”；最后，经过各方努力，这棵大树要结出果实了，还需要搞清楚这棵大树的枝干上“结的是什么果实，果实大不大、多不多、好不好”，这好比科学体系的“原创贡献”。

综合“实践逻辑”和“大树比喻”两方面的分析并加以提炼概括，习近平新时代中国特色社会主义思想的科学体系及其板块结构、内在逻辑和总体框架就是：历史方位—哲学根基—体系主干（奋斗目标）—体系枝干（总体方略）—全面保障—领导主体—原创贡献。全面深入研究和把握习近平新时代中国特色社会主义思想的科学体系，上述7个基本板块结构必不可少。

本书对人们谈论较多的“全面保障”“领导主体”两个板块不再赘述，集中分析和阐述“历史方位”“哲学根基”“体系主干”“体系枝干”“原创贡献”。

（一）习近平新时代中国特色社会主义思想的历史方位

“新时代”“我国发展起来以后”“两个大局”“社会主要矛盾”“大国成为强国”“以中国式现代化全面推进强国建设、民族复兴”，构成习近平新时代中国特色社会主义思想对“历史方位”判断的基本框架。

顾名思义，历史方位就是关于历史发展的位置，主要回答“由何而来”“现在何处”问题。从相关文献看，党的十九大报告所讲的“中国特色社会主义进入新时代”“三个意味着”“五个时代特征”“社会主要矛盾”“两个大局”，党的十九届六中全会通过的《中共中央关于党的百年奋斗重大成就和历史经验的决议》，党的二十大报告提出的“中国式现代化”“团结带领全国各族人民全面建成社会主义现代化强国、实现第二个百年奋斗目标，以中国式现代化全面推进中华民族伟大复兴”等，共同构成理解习近平新时代中国特色社会主义思想关于“历史方位”的文本依据。

深入分析上述文本可以看出，“三个意味着”本质上是从中华民族发展、科学社会主义发展、中国特色社会主义发展三个维度，对习近平治国理政实践所处的历史方位进行确定，实质上讲的是“中国特色社会主义进入新时代”“我国发展起来以后”“使大国成为强国即实现强起来”的历史方位。

“第一个意味着”，指的是我国发展起来以后，中国特色社会主义进入新时代，中华民族迎来了从站起来、富起来到强起来的伟大飞跃，站在了实现强起来新的历史起点上，聚焦的是“中华民族发展进程”，讲的是新时代“中华民族伟大复兴”的叙事，核心点是“中华民族”之主体和“站起来—富起来—强起来”（强国建设、民族复兴）之宏大历史进程。

“第二个意味着”，指的是社会主义由低谷到高潮，站在了焕发强大生机活力新的历史起点上，聚焦的是“科学社会主义发展进程”，讲的是“中国特色社会主义使科学社会主义焕发强大生机活力”的叙事，主体是“科学社会主义”，总体趋势是“走出低谷—焕发生机”。

“第三个意味着”，指的是中国特色社会主义开创了中国式现代化，站在了为解决人类问题贡献中国智慧和中国方案新的历史起点上，聚焦的是“人类实现现代化发展进程”，讲的是“中国特色社会主义创造中国式现代化及其世界意义”的叙事，主体是“中国特色社会主义创造中国式现代化”，关键点是在世界现代化版图中，中国式现代化具有世界意义，能为人类实现现代化提供一种具有光明前景的新的选择。

由此不难看出，聚焦中华民族，使大国成为强国即实现“强起来”；聚焦21世纪科学社会主义，使科学社会主义在21世纪的中国焕发出强大生机活力；聚焦人类实现现代化，中国式现代化为解决人类问题贡献了中国智慧和中国方案——三者构成上述文本的内在逻辑和核心线索。分析这一逻辑和线索可以发现，通过“中华民族—21世纪科学社会主义—人类实现现代化”这一层次递进的主体比较，通过我国发展起来“前后”的站起来、富起来与强起来、社会主义与资本主义、发展中国家与发达国家这三种不同的视野对照，关于新时代中国发展的时代境遇是什么就基本清晰了。在这个意义上可以说，新时代中国特色社会主义发展的内在逻辑是“强国建设、民族复兴”，即实现强起来。党的十九大报告和十九届六中全会通过的《中共中央关于党的百年奋斗重大成就和历史经验的决议》所讲的“五个时代特征”，就是从五个角度对新时代及“强国建设、民族复兴”进行的阐释；新的社会主要矛盾，就是从解决人民生活“美好不美好”、国家“强不强”两个根本方面，对新时代及其“强国建设、民族复兴”进行的阐释。

进一步看，习近平新时代中国特色社会主义思想在对“历史方位”进行界定的同时，还蕴含两个明显的方法论框架。一个是横向上，“两个大局”的分析框架贯穿党的十九大报告、党的二十大报告始终。党的十九大报告所讲的“五个时代特征”，就是在“强国建设、民族复兴”与世界现代化框架中思考新时代的历史定位；党的二十大报告第三个部分在对世界历史趋势的观察、把握中，提出了新时代新征程中国共产党要以中国式现代化全面推进中华民族伟大复兴，中国式现代化为人类实现现代化提供了新的选择。这体现了一种“中国—世界”或“民族—人类”的“两个大局”观察方式和分析框架，其中，实现中华民族伟大复兴是战略全局，世界视野就是直面世界百年未有之大变局。另一个是纵向上，“大国建设→强国建设”成为一种贯通始终的逻辑分析进路。在对新时代十年的总结中，从基于中国人民创造“两大奇迹”，到转向“强起来”的历史判断；从基于探索世界或人类实现现代化进程中的“全新选择”，到形成关于“中国式现代化为人类实现现代化提供了新的选择”的历史自信等，都反映出中国共产党人对新时代中国发展从大国走向强国的理性自觉和自立自信。

（二）习近平新时代中国特色社会主义思想的哲学根基

理论的学理化、“时代、实践、文本、理论的根据”、系统为基的战略辩证法，是把握习近平新时代中国特色社会主义思想哲学根基的基本要素。

推进理论的体系化、学理化，是理论创新的内在要求和重要途径。马克思主义之所以影响深远，在于其以深刻的学理揭示人类社会发展的真理性、以完备的体系论证其理论的科学性。习近平新时代中国特色社会主义思想的发展是一个不断丰富拓展并不断体系化、学理化的过程。

这表明对习近平新时代中国特色社会主义思想的研究要向纵深推进。即继续推进理论创新，向理论的学理化阐释、学术化表达、体系化建构推进，体系化内在要求学理化、学术化，学理化阐释、学术化表达、体系化建构内在要求必须深入揭示习近平新时代中国特色社会主义思想的哲学根基。没有哲学根基的理论根本谈不上体系化、学理化，没有哲学的体系就没有“根”。在这个意义上，建构习近平新时代中国特色社会主义思想的科学体系，对这一科学体系进行学理化阐释和学术化表达，最为纵深最为根本最为厚重的就是理解其中蕴含的哲学根基。这应当看作我们进一步认识、理解和把握习近平新时代中国特色社会主义思想之科学体系的深化，在这方面现有的相关成果还缺乏深入研究。反映中国特色社会主义发展的历史逻辑，基于习近平治国理政实践所破解的根本问题，体现习近平总书记相关重要论述和习近平新时代中国特色社会主义思想的世界观和方法论之“六个必须坚持”，习近平新时代中国特色社会主义思想的哲学根基，若从学理上加以分析、提炼和概括，就是系统为基的战略辩证法。

“系统为基的战略辩证法”，是指在系统性实践和战略性谋划中运用辩证法，把辩证法运用于系统性实践和战略性谋划，在战略中有系统辩证法，在系统辩证法中有战略思维。“系统为基的战略辩证法”作为习近平新时代中国特色社会主义思想的哲学根基，是蕴含“实践”这一元素的，这里讲的“系统性、整体性、全局性、根本性、战略性”，主要是从实践方面讲的。

对“系统为基的战略辩证法”，需要进一步从历史、实践、文本、理论四方面作出深入说明和论证。

第一，“系统为基的战略辩证法”反映了中国特色社会主义发展的历史逻辑，有历史依据。中国特色社会主义开创之初，由于人民日益增长的物质文化需要同落后的社会生产之间的矛盾使然，我国发展在实践上相对注重“重点突破”，即以经济建设为中心，改革的重点在经济领域，意求建立社会主义市场经济体制来解放和发展社会生产力，它创造了经济快速发展奇迹。与此同时，出现了发展的不平衡不和谐不稳定，针对这种新情况新问题，当年我们党提出科学发展观，实质是强调“全面发展”。党的十八大以来，中国特色社会主义进入新时代，在注重全面发展的基础上，针对全面深化改革及其总目标，习近平总书记强调全面深化改革中遇到的问题大都是系统性、整体性、全局性、根本性、战略性问题，牵一发而动全身。破解方法取决于问题的本性。既然问题大都是系统性、整体性、全局性、根本性、战略性的，而且破解这些问题必然涉及系统以及其中的历史和现实、现象和本质、全局和局部、当前和长远、宏观和微观、主要矛盾和次要矛盾、特殊和一般的关系，由此就必须坚持系统观念，把中国特色社会主义发展置于中华民族伟大复兴战略全局和世界百年未有之大变局进行“系统性的战略谋划”，统筹推进“五位一体”总体布局、协调推进“四个全面”战略布局，且要运用辩证思维来正确处理系统中一系列具有战略性的辩证关系。习近平总书记指出：“党的十八届三中全会也是划时代的，开启了全面深化改革、系统整体设计推进改革的新时代，开创了我国改革开放全新局面。”①全面深化改革之所以是划时代的，就在于它具有转折性、根本性、整体性、全局性、长远性，需要从战略上进行“系统整体设计”。这就把运用辩证思维进行“系统性的战略谋划”推到历史前台。正是基于中国特色社会主义发展的历史逻辑，习近平总书记在党的十九届五中全会上鲜明提出坚持系统观念，进一步强调“系统观念是具有基础性的思想和工作方法”，并把“坚持系统观念”作为“十四五”时期经济社会发展必须遵循的一个重要原则。党的二十大报告又进一步把“必须坚持系统观念”作为习近平新时代中国特色社会主义思想的世界观和方法论的核心内容之一，而且在对系统观念进行阐释时，专门谈到了战略思维和辩证思维。

第二，“系统为基的战略辩证法”反映了习近平治国理政实践的本质特征，有实践依据。问题是时代的声音，哲学是时代精神的精华。习近平总书记在治国理政实践中所解决的问题很多，哲学意义上的时代性问题，就是“坚持和发展中国特色社会主义”“建设社会主义现代化强国”“建设长期执政的马克思主义政党”，就是“中国之问、世界之问、人民之问、时代之问”，就是“两个大局”中的重大问题，就是在大国成为强国进程中以中国式现代化全面推进中华民族伟大复兴，就是改革发展稳定存在的深层次问题。上述问题都是系统性、整体性、全局性、根本性、战略性问题，破解这些问题，需要运用“系统为基的战略辩证法”。

① 中共中央党史和文献研究院编：《十九大以来重要文献选编》（中），中央文献出版社2021年版，第136页。

第三，“系统为基的战略辩证法”体现了习近平总书记相关重要论述中的思想，有文本依据。关于“系统为基的战略辩证法”的相关文本论述，一是习近平总书记《关于〈中共中央关于制定国民经济和社会发展第十四个五年规划和二〇三五年远景目标的建议〉的说明》中提出的“系统观念是具有基础性的思想和工作方法”，二是党的二十大报告中关于习近平新时代中国特色社会主义思想的世界观和方法论中的“必须坚持系统观念”。“系统观念是具有基础性的思想和工作方法”内涵丰富且有深意。“基础性”有其深意，意味着其他观念如战略观念、辩证观念等都是建立在系统观念基础上的；思想方法是认识世界的方法，工作方法是改变世界的方法，认识世界和改变世界是哲学的两个根本功能。显然，“基础性”及“思想和工作方法”具有世界观和方法论意义。况且，任何系统都会涉及理论和实践、历史和现实、现象和本质、部分和整体、结构和功能、全局和局部、当前和长远、宏观和微观、主要矛盾和次要矛盾、特殊和一般等关系，这些关系都具有战略性、实践性，需要运用辩证思维来分析和破解。把上述分析加以整合、提升和概括，就蕴含“系统为基的战略辩证法”。习近平新时代中国特色社会主义思想的世界观和方法论之哲学精髓之一，就是“必须坚持系统观念”。党的二十大报告在阐述“必须坚持系统观念”时，是把系统思维、战略思维、辩证思维作为一个有机整体来谈的，将此加以整合，就可以提炼为“系统为基的战略辩证法”。此外，习近平总书记系列重要讲话中，较多地使用了“系统性”“整体性”“全局性”“战略性”“总体性”“辩证性”等话语表述。

第四，“系统为基的战略辩证法”体现了习近平新时代中国特色社会主义思想的本质特征，有理论依据。习近平治国理政实践所解决的问题大都是系统性、整体性、全局性、根本性、战略性的，反映这种实践并从实践上升到理论，也多是以系统性、整体性、全局性、根本性、战略性特征呈现的。如党的十九大、十九届六中全会把习近平新时代中国特色社会主义思想的主要内容概括为“十个明确”“十四个坚持”“十三个方面成就”，其中就涉及“实现中华民族伟大复兴”、“五位一体”总体布局、“四个全面”战略布局、“两步走”的战略安排、“全面深化改革总目标”、“新发展理念”、“坚持社会主义核心价值体系”、“坚持总体国家安全观”等，这些主要内容都鲜明地以系统性、整体性、全局性、根本性、战略性特征呈现出来。显然，从学理上，习近平新时代中国特色社会主义思想蕴含着“系统为基的战略辩证法”。

（三）习近平新时代中国特色社会主义思想的体系主干

哲学根基、时代课题、社会主要矛盾、“四大之问”、“历史意义”、“主要内容”，是把握习近平新时代中国特色社会主义思想体系主干的基本路径。

扎根于“根基”的是树干，植根于哲学根基的是体系主干，体系主干都是扎根于哲学根基的，没有离开哲学根基的体系主干。这一体系主干承上启下，既扎根于哲学根基，又长出体系枝干。

如何确定习近平新时代中国特色社会主义思想的“体系主干”？这是一个悬而未决的重要问题。现有的研究成果没有触及这个问题，这是我们研究上的一个短板，因为没有“主干”的思想只是思想的“散叶”，有“主干”的思想再加上其“哲学根基”，就抓住了科学体系的“思想芯片”。

要确定“体系主干”，需要从哲学根基、时代课题、社会主要矛盾、“四大之问”、“历史意义”、“主要内容”的文本表述中有逻辑地提升概括出来。

第一，从“哲学根基”提升概括。“哲学根基”具有根本性。作为习近平新时代中国特色社会主义思想哲学根基的“系统为基的战略辩证法”，可成为提炼“体系主干”的第一个依据。其中最为关键的，就是要理解和把握其中蕴含的系统性、整体性、全局性、根本性、战略性问题。习近平总书记指出：“以前我们要解决‘有没有’的问题，现在则要解决‘好不好’的问题。”[①]这里的“好”，核心就是人民的生活“美好不美好”。习近平当选我们党的总书记以后面对中外记者发表演讲，主题就是“人民对美好生活的向往，就是我们的奋斗目标”。况且，新时代我国社会主要矛盾发生了历史性转化（社会主要矛盾影响我国发展的根本、全局、长远和整体），转化为人民日益增长的美好生活需要和不平衡不充分的发展之间的矛盾，这里把“人民对美好生活的向往”历史必然地推到新时代我国发展的前台和中心，其中蕴含的根本问题，就是解决人民生活“美好不美好”的问题，实质就

① 《习近平谈治国理政》第三卷，外文出版社 2020 年版，第 133 页。

是“为中国人民谋幸福”。

实现中华民族伟大复兴是战略全局，它是近代以来中华民族最伟大的梦想，任何国家和势力都阻挡不了我们前进的步伐。我国已经开启强国建设、民族复兴新征程，把以中国式现代化全面推进“强国建设、民族复兴”看作新时代新征程的中心任务，显然这既是战略性问题又是全局性问题，其实质就是解决国家和民族“强不强”的问题，从而“为中华民族谋复兴”。

习近平治国理政具有世界眼光，坚持胸怀天下，直面世界百年未有之大变局。他提出的参与全球治理体系改革和建设，倡导的全人类共同价值、创造人类文明新形态、构建人类命运共同体，实质上就是致力于解决世界“和平不和平”的问题，“为世界谋大同”。

党的十八大以来，习近平治国理政总体上是围绕“打铁必须自身硬”展开的，他所讲的统揽推进伟大斗争、伟大工程、伟大事业、伟大梦想，其中起决定性作用的是党的建设新的伟大工程，所讲的协调推进“四个全面”战略布局、“十个明确”之首尾、“十四个坚持”之首尾、党百年奋斗十条历史经验之首尾，以及中国特色社会主义制度的十三个显著优势，等等，都把坚持党的全面领导和全面从严治党的统一置于核心地位，其实质就是聚焦解决中国共产党自身“硬不硬”的问题，“为中国共产党谋强大”。

百年来，党坚持把马克思主义写在自己的旗帜上，马克思主义中国化时代化不断取得成功，使世界范围内社会主义和资本主义两种意识形态、两种社会制度的历史演进及其较量发生了有利于社会主义的重大转变。这里，“旗帜”“根本指导思想”“归根到底是马克思主义行，是中国化时代化的马克思主义行”等，都充分表明马克思主义在我们党治国理政实践的全局中居于核心地位，实质就是解决马克思主义如何始终保持蓬勃生机、旺盛活力的问题，从而“为马克思主义谋生机”。

归结起来，从哲学根基所蕴含的系统性、整体性、全局性、根本性、战略性问题中，我们分析和揭示出了“为中国人民谋幸福”“为中华民族谋复兴”“为世界谋大同”“为中国共产党谋强大”“为马克思主义谋生机”五大内核，这五大内核涉及“人民”“中华民族”“世界”“中国共产党”“马克思主义”，这恰恰是在习近平新时代中国特色社会主义思想科学体系中最具根本性、全局性、长远性、战略性的问题，居于核心地位。由此可以得出结论：习近平新时代中国特色社会主义思想的体系主干，若用学理的话语来表达就是：“为中国人民谋幸福”“为中华民族谋复兴”“为世界谋大同”“为中国共产党谋强大”“为马克思主义谋生机”，简称“五为五谋”。

第二，从“时代课题”提升概括。“时代课题”管根本、管全局、管整体、管长远，具有系统性和战略性，能成为提炼“体系主干”的第二个依据。习近平总书记就新时代坚持和发展什么样的中国特色社会主义、怎样坚持和发展中国特色社会主义，建设什么样的社会主义现代化强国、怎样建设社会主义现代化强国，建设什么样的长期执政的马克思主义政党、怎样建设长期执政的马克思主义政党等重大时代课题进行深邃思考和科学判断，提出了一系列原创性的治国理政新理念新思想新战略。其中，建设社会主义现代化强国，本质上就是解决国家和民族“强不强”的问题，是为“中华民族谋复兴”；建设长期执政的马克思主义政党，本质上就是解决中国共产党自身“硬不硬”的问题，是“为中国共产党谋强大”；建设中国特色社会主义，与马克思主义、中国化时代化的马克思主义本质相关，科学社会主义因中国特色社会主义而在21世纪的中国焕发出强大生机活力，中国特色社会主义为什么好，归根到底是马克思主义行、中国化时代化的马克思主义行，其实质就是解决马克思主义如何始终保持蓬勃生机、旺盛活力的问题，从而“为马克思主义谋生机”。“为中华民族谋复兴”“为中国共产党谋强大”“为马克思主义谋生机”，是从“时代课题”中提炼概括出的“体系主干”。

第三，从“社会主要矛盾”提升概括。社会主要矛盾具有全局性、根本性和长远性，能成为提炼“体系主干”的第三个依据。新时代的社会主要矛盾，是人民日益增长的美好生活需要和不平衡不充分的发展之间的矛盾。“人民日益增长的美好生活需要”，主要是解决人民生活“好不好”的问题，其实质是“为中国人民谋幸福”；“不平衡不充分的发展”，主要是解决国家和民族“强不强”的问题，其实质是“为中华民族谋复兴”。

第四，从“四大之问”提升概括。“四大之问”具有系统性、整体性、全局性、根本性、战略性，涉及党和国家事业的整体、全局、根本和战略，能成为提炼“体系主干”的第四个依据。《习近平谈治国理政》第四卷“出版说明”强调：“习近平在领导党和人民应变局、开新局的伟大实践中，坚持解放思想、实事求是、守正创新，对关系新时代党和国家事业发展的一系列重大理论和实践问题进行新的深邃思考和科学判断，提出了一系列原创性的治国理政新理念新思想新战略，进一步科学回答了中国之问、世界之问、人民之问、时代之问。”“中国之问”之根本，就是解决国家和民族“强不强”的问题，是“为中华民族谋复兴”；“世界之问”之核心，就是解决世界“和平不和平”或“世界向何处去”的问题，是“为世界谋大同”；“人民之问”之关键，就是解决人民生活“美好不美好”的问题，是“为中国人民谋幸福”；“时代之问”与“新时代及其时代特征”和“时代课题”本质相关，其内核涉及如何谱写马克思主义中国化时代化新篇章，涉及新时代在“为中国人民谋幸福”“为中华民族谋复兴”“为中国共产党谋强大”进程中如何“为马克思主义谋生机”。显然，“四大之问”蕴含了“为中国人民谋幸福”“为中华民族谋复兴”“为中国共产党谋强大”“为世界谋大同”“为马克思主义谋生机”，这是从“四大之问”中提炼概括出的“体系主干”。

第五，从“历史意义”提升概括。这里讲的“历史意义”，是中国共产党百年奋斗的历史意义。党的十九届六中全会通过的《中共中央关于党的百年奋斗重大成就和历史经验的决议》，是用大历史观，从党史、新中国史、改革开放史、社会主义发展史、中华民族发展史、人类发展史这种宽广、长远、整体、纵深的视野，来分析和揭示中国共产党百年奋斗的伟大历史意义，其“历史意义”能成为提炼“体系主干”的第五个依据。它所讲的伟大历史意义，是分别从“中国人民”“中华民族”“马克思主义”“世界历史”“中国共产党”五大根本主题来讲的。深读文本可以明确看出，其核心内容分别讲的是“中国人民对美好生活的向往”“中华民族向世界展现的是一派欣欣向荣的气象”“马克思主义中国化时代化不断取得成功，使马克思主义以崭新形象展现在世界上”“党为世界谋大同”“我们保持了党的先进性和纯洁性，党的执政能力和领导水平不断提高”。其实质显然讲的就是“为中国人民谋幸福”“为中华民族谋复兴”“为马克思主义谋生机”“为世界谋大同”“为中国共产党谋强大”。这是从“历史意义”中提炼概括出的“体系主干”。

第六，从“主要内容”提升概括。“主要内容”具有涵盖性、根本性、核心性、直接性，能成为提炼“体系主干”的第六个依据。习近平新时代中国特色社会主义思想的主要内容可概括为“十个明确”“十四个坚持”“十三个方面成就”。“十四个坚持”中的第二个坚持、第八个坚持、第九个坚持，第十一个坚持、第十二个坚持，第十三个坚持，第一个坚持、第十四个坚持，本质上分别讲的是“为中国人民谋幸福”“为中华民族谋复兴”“为世界谋大同”“为中国共产党谋强大”。“十个明确”，属于习近平新时代中国特色社会主义思想的根本观点，其中第三个明确、第二个明确、第九个明确、第一个明确和第十个明确，就分别讲到了“人民”“中华民族”“世界”“中国共产党”，从更为本质和深层的意义上加以提升，其实质就是“为中国人民谋幸福”“为中华民族谋复兴”“为世界谋大同”“为中国共产党谋强大”。

综合上述分析，习近平新时代中国特色社会主义思想的“体系主干”，就是为中国人民谋幸福、为中华民族谋复兴、为世界谋大同、为中国共产党谋强大、为马克思主义谋生机。

（四）习近平新时代中国特色社会主义思想的体系枝干

“新发展理念”“两大布局”“战略安排”，是理解和把握习近平新时代中国特色社会主义思想体系枝干的基本逻辑。

从逻辑上讲，体系之所以成为体系，要旨就在“体”和“系”要完备，整体逻辑要自洽。其中，核心在“体”，即要有主体或主干结构，“主干”内生出各种“枝干”；“系”附着于“体”，是从“体”生长出来“枝干”，它要“枝叶繁茂”。习近平新时代中国特色社会主义思想的科学体系，同样如此。

学理逻辑上，如果说“五为五谋”是习近平新时代中国特色社会主义思想的“体系主干”，那么，“新发展理念”“两大布局”和“战略安排”就是从“五为五谋”生长出来的“体系枝干”之核心内容，可概括为“总体方略”。现有的相关研究成果多从“体系枝干”及其他方面展开研究和论述，而从“哲学根基”“体系主干”层面研究的比较少，甚至缺乏系统深入的研究。

从“十个明确”“十四个坚持”“十三个方面成就”主要内容中，我们可提炼概括出“体系枝干”最为核心的内核，即“新发展理念”“两大布局”和“战略安排”，这分别是从“道”“术”“行”三个维度讲的。“十个明确”的逻辑是：方向道路—历史方位—奋斗目标—重大布局—政治保障；“十四个坚持”的逻辑是：治党治国治军—“五位一体”总体布局—“四个全面”战略布局—内政外交国防—改革发展稳定；“十三个方面成就”的逻辑是：党的领导—“五位一体”总体布局—“四个全面”战略布局—国防、安全、统一、外交。如果暂且不谈上述属于“历史方位”“体系主干”“全面保障”“领导主体”等的内容的话，留下的核心内容就是“新发展理念”“两大布局”和“战略安排”。这就是“体系”之“系”，属于“体系枝干”，亦即为实现“五为五谋”所确定的“总体方略”。

“新发展理念”既然是“理念”，就属于“道”的范畴，是为实现“五为五谋”提供“道”上的总体方略。党的二十大报告指出：贯彻新发展理念是新时代我国发展壮大的必由之路。“路”就是路径，路径属于方略范畴。新发展理念是从道的层面讲的“我国发展壮大”亦即“为中华民族谋复兴”的总体方略，其根本支撑是坚持以人民为中心的发展思想，就是说，它也是“为中国人民谋幸福”的总体方略。习近平总书记强调：“党的十八大以来我们对经济社会发展提出了许多重大理论和理念，其中新发展理念是最重要、最主要的。新发展理念是一个系统的理论体系，回答了关于发展的目的、动力、方式、路径等一系列理论和实践问题，阐明了我们党关于发展的政治立场、价值导向、发展模式、发展道路等重大政治问题。”[①] 他又明确强调：“人民是我们党执政的最深厚基础和最大底气。为人民谋幸福、为民族谋复兴，这既是我们党领导现代化建设的出发点和落脚点，也是新发展理念的‘根’和‘魂’。”[②] 不言而喻，新发展理念发源于“为人民谋幸福、为民族谋复兴”之“根”，同时也是引领“两

① 《习近平著作选读》第二卷，人民出版社 2023 年版，第 406 页。
② 《习近平著作选读》第二卷，人民出版社 2023 年版，第 407 页。

大布局”之道。

“两大布局”既然是“布局”，就属于“术”的范畴，是为实现“五为五谋”提供“术”上的总体方略。习近平治国理政在实践上谈的相对多的就是“两大布局”：一是统筹推进“五位一体”总体布局，二是协调推进“四个全面”战略布局。这“两大布局”，把我国的经济、政治、文化、社会、生态文明、改革、法治、强国建设、党的建设等都包括进来了。现有的相关研究成果大都是围绕这些内容展开的，有合理性，然而还需要从中深入挖掘和提炼概括出科学体系的“思想芯片”。

“两步走”的战略安排既然是“安排”，就属于“行”的范畴，它是从“行”的层面为实现“五为五谋”提供的总体方略。

（五）习近平新时代中国特色社会主义思想的原创性贡献

我们应基于“科学体系”，着重从历史方位、哲学根基、体系主干、体系枝干四个层面，理解和把握习近平新时代中国特色社会主义思想的原创性贡献。离开“科学体系”谈原创性贡献，就既无“体”又无“系”。这是一个难度较大的问题，迄今为止我国理论界在这一问题上未达成共识。

一般来讲，谈论原创性贡献有两种思路：一是“条条思维”，用许多条来讲习近平新时代中国特色社会主义思想的原创性贡献；二是“块块思维”，分几大块来讲习近平新时代中国特色社会主义思想的原创性贡献。本书采取“块块思维”，着重运用“习近平新时代中国特色社会主义思想之科学体系”的分析框架，来解析其原创性贡献。

第一，历史方位上的原创性贡献。集中体现为提出并致力于解决我国发展起来以后使大国成为强国即“实现强起来”与“新时代课题、新社会主要矛盾、新奋斗目标”等重大问题，在中华民族发展史、党史、新中国史上作出了原创性贡献。新的历史方位是理解习近平新时代中国特色社会主义思想原创性贡献的逻辑起点，这可从纵向和横向两方面来说。

从纵向来讲，集中体现在新时代提出并致力于解决“实现强起来”问题。时代是思想之母，理论创新源于新时代。新时代集中体现为迎来从站起来、富起来到强起来的伟大飞跃。要紧紧围绕“实现强起来”这个时代主题，来理解习近平新时代中国特色社会主义思想的原创性贡献，这是理解原创性贡献的“主题”，也是理解原创性贡献的时代依据。这方面的原创性贡献主要体现为在马克思主义中国化时代化发展史上，立足强国时代和强国逻辑，建构起“迎来从富起来到强起来伟大飞跃”的“强国理论”，实现了马克思主义中国化时代化新的飞跃，对推进马克思主义中国化时代化作出原创性贡献。

从横向来讲，集中体现为提出并从实践上致力于解决新时代背景下“新的时代课题、新的社会主要矛盾、新的奋斗目标”问题。实践是理论之源，理论创新也源于新实践。要紧紧围绕新时代背景下“新的时代课题、新的社会主要矛盾、新的奋斗目标”这个实践主线，来理解和把握习近平新时代中国特色社会主义思想的原创性贡献，也是理解原创性贡献的实践依据。新的时代背景就是“两个大局”，新的时代课题就是“三个重大时代课题”，新的社会主要矛盾蕴含习近平新时代中国特色社会主义思想所解决的根本问题，解决新的社会主要矛盾和根本问题蕴含新的奋斗目标。发现问题、分析问题、解决问题是理论创新的起点和动力源。

第二，哲学根基上的原创性贡献。集中体现在把“系统为基的战略辩证法”作为哲学基础，发展了唯物辩证法。这是理解原创性贡献的哲学“主源”，也是理解原创性贡献的哲学依据，要基于这一哲学根基理解原创性贡献。唯物辩证法具有总体性，贯穿整个马克思主义哲学及其历史发展进程中，这是共性。同时，这种辩证法在马克思主义哲学发展进程中呈现为不同的历史形态。

在马克思、恩格斯那里，唯物辩证法主要呈现为“历史辩证法”。因为他们最注重的是在历史领域实现哲学变革，由“上半截子”唯物主义发展到“下半截子”唯物主义，确立唯物主义在历史领域的权威，这只有借助唯物辩证法才有可能实现。这种辩证法直接通达、走向现实世界和历史领域，揭示其内在普遍联系、矛盾运动和发展过程及其一般规律。

在列宁那里，唯物辩证法主要采取“认识辩证法”形态。列宁着力思考的是经济文化落后的俄国如何向社会主义过渡问题，这首先需要认识完全不同于近代西欧社会的具有独特性的俄国国情。要做到这一点，首先要确定唯物主义认识路线，从客观实际出发认识俄国国情。这就把唯物主义认识论突出出来，《唯物主义和经验批判主义》就是唯物主义认识论的代表作。从俄国特殊国情出发认识和建设社会主义，需要把马克思主义基本原理同俄国特殊实际相结合。这就要处理好一般和个别、普遍和特殊的辩证关系，需要辩证法，《哲学笔记》就是辩证法的代表作。所以，列宁把辩证法看作马克思主义的认识论，把辩证法、认识论和逻辑学看作同一的。

在毛泽东那里，唯物辩证法呈现为“实践辩证法”。要解决农民占大多数的落后中国如何建设社会主义的问题，就必须首先把马克思主义基本原理同中国具体实际相结合。这就涉及一般和个别、普遍和特殊、共性和个性之间的辩证关系，需要辩证法。毛泽东把马克思主义基本原理同中国具体实际相结合，产生了中国化马克思主义，我们党要用这种中国化马克思主义武装全党、教育人民、指导实践，这就涉及理论和实践的辩证关系，由此便有了毛泽东的《矛盾论》《实践论》两部哲学代表作。前者讲矛盾，要处理一般和特殊、共性和个性的辩证关系；后者讲实践，要处理理论和实践的关系。二者有机统一，就是“实践辩证法”。

邓小平、江泽民、胡锦涛治国理政也特别注重唯物辩证法，同时在总体上也注重实践，由此也可以把他们的哲学思想总体上归为“实践辩证法”。

习近平新时代中国特色社会主义思想也坚持唯物辩证法，坚持历史辩证法、认识辩证法、实践辩证法，但更为鲜明的特质，就是注重“系统为基的战略辩证法”。其主要原因就在于在新时代强国建设、民族复兴进程中所面临的问题大多是系统性、战略性矛盾和问题，需要把辩证法运用于系统性和战略性问题之中。这是对马克思主义辩证哲学的一种具有总体性的原创性贡献。

第三，体系主干上的原创性贡献。集中体现为提出并致力于解决“五为五谋”问题，在人类社会发展史、世界社会主义发展史、马克思主义发展史包括中国化时代化的马克思主义发展史、世界现代化发展史、中华民族发展史、党史上作出了原创性贡献。这是理解原创性贡献的哲学“主干”。提出并致力于“为中国人民谋幸福”，以“人民至上”的“民本逻辑”超越“资本主导”的“资本逻辑”，在人类社会发展史和马克思主义发展史上作出了原创性贡献。提出并致力于“为中华民族谋复兴”，注重以中国式现代化全面推进强国建设、民族复兴，第一次建构起了中国式现代化理论，它区别并超越了“西方中心论”，拥有了思想文化的主体性，掌握了思想和文化的领导权，在中华民族发展史、新中国史上作出了原创性贡献。提出并致力于“为世界谋大同”，由过去“被开除球籍的危险”的“世界失我”，经“确立中国特色社会主义自主性”的“世界有我”，走向“为人类实现现代化提供新的选择”的“世界向我”，在世界现代化发展史上作出了原创性贡献。提出并致力于“为中国共产党谋强大”，通过以党的自我革命等方略破解大党独有难题，揭示了中国共产党长期执政规律，在党史上作出了原创性贡献。提出并致力于“为马克思主义谋生机”，注重创新发展 21 世纪马克思主义，为解释 21 世纪世界百年未有之大变局贡献了中国理论，掌握了解释 21 世纪世界的理论话语权，它区别并高于新自由主义，在世界社会主义发展史、马克思主义发展史、中国化时代化的马克思主义发展史上作出了原创性贡献。

第四，体系枝干上的原创性贡献。集中体现为从道、术、行三方面提出了新发展理念，统筹推进“两大布局”和“两步走”战略安排，找到了中国社会主义建设实践即中国特色社会主义建设的总体方略，解决了中国社会主义建设实践的“后半程”问题，作出了原创性贡献。习近平总书记指出，中国社会主义建设实践可分为“前半程”和“后半程”。前半程的主要历史任务是建立社会主义基本制度，并在这个基础上进行改革；后半程的主要历史任务，就是完善和发展中国特色社会主义制度，推进国家治理体系和治理能力现代化，以制度优势更好地治理国家，以保障社会安定有序、人民幸福安康。要做到这一点，就必须贯彻新发展理念（道），这是我国发展壮大的必由之路；统筹推进“两大布局”（术），即统筹推进“五位一体”总体布局，协调推进“四个全面”战略布局；具体落实好“两步走”战略安排（行），这三者共同构成中国特色社会主义建设的总体方略。

第五，从总体上，就是习近平新时代中国特色社会主义思想以坚持和发展马克思主义、继续谱写马克思主义中国化时代化新篇章、不断开辟马克思主义中国化时代化新境界，为发展马克思主义、中国化时代化的马克思主义作出了原创性贡献。集中体现在：它破解了超越资本主导逻辑、走向民本逻辑的问题；解决了经济落后国家全面治理并建设社会主义的问题；解决了世界历史进程中发展中国家实现现代化的问题；解决了“两制并存”格局中以中国式现代化、人类文明新形态、构建人类命运共同体来发挥社会主义制度优越性，为“世界向何处去”开辟新路的问题；解决了社会主义与市场经济相结合的问题；解决了中国在世界历史大趋势中实现跨越式发展的问题；解决了中国特色社会主义发展进程中为解决人类问题贡献中国智慧和中国方案的问题；解决了中国特色社会主义进入新时代如何使大国成为强国即实现强起来的总体方略问题；等等。

三、习近平新时代中国特色社会主义思想的哲学基础

理解习近平新时代中国特色社会主义思想的科学体系，把握习近平新时代中国特色社会主义思想的原创性贡献，最为根本的就是要理解其哲学基础及其蕴含的哲学范式，即“系统为基的战略辩证法”。这一哲学范式，是习近平新时代中国特色社会主义思想对马克思主义哲学的一种具有本源性的原创性贡献。这种原创性贡献体现为六个层面：（1）习近平治国理政从根本上面对的是“哲学问题”，具有作出原创性哲学贡献的前提。（2）解决哲学意义上的问题需要以系统为基础作出战略谋划，由此便形成“系统为基的战略辩证法”的哲学范式或哲学观，创新发展了马克思主义具有总体性的“辩证哲学”。（3）习近平新时代中国特色社会主义思想及其“系统为基的战略辩证法”要求确立新的哲学思维。（4）习近平新时代中国特色社会主义思想及其“系统为基的战略辩证法”蕴含治国理政的哲学智慧。（5）习近平新时代中国特色社会主义思想彰显了人民至上的哲学理念，它由物本逻辑走向人本逻辑。

（一）具有作出原创性哲学贡献的前提

一种科学体系是否具有哲学上的原创性贡献，其前提要看它面对的是不是一个“哲学问题”。习近平治国理政具有问题意识、问题导向。习近平总书记指出：“要有强烈的问题意识，以重大问题为导向，抓住关键问题进一步研究思考，着力推动解决我国发展面临的一系列突出矛盾和问题。我们中国共产党人干革命、搞建设、抓改革，从来都是为了解决中国的现实问题。”[①] 习近平治国理政所解决的问题很多，从哲学上看或具有哲学意义的问题，核心是运用辩证思维，对改革开放和社会主义现代化建设“由何而来”“现在何处”“走向何方”这一“中国向何处去”问题，应从根本上进行系统性、战略性谋划。

这一“哲学问题”体现了改革开放和社会主义现代化建设所呈现的“重点突破—全面发展—系统谋划”这一具有哲学意蕴的演进逻辑及其发展规律。在改革开放和社会主义现代化建设之初，由于人民日益增长的物质文化需要同落后的社会生产之间的社会主要矛盾使然，我国经济社会发展在实践上相对注重“重点突破”，即相对注重解放和发展社会生产力，以经济建设为中心。那时，我们把社会主义初级阶段的首要任务确定为解放和发展社会生产力，特别强调发展才是硬道理。

2007 年左右，我国经济社会发展的历史必然性，把“全面协调可持续”突出出来，即注重“全面发展”。胡锦涛提出的科学发展观，在重点突破的基础上把“全面发展”问题突出出

① 《习近平谈治国理政》第一卷，外文出版社 2018 年版，第 74 页。

来了。

中国特色社会主义进入新时代，在注重经济社会全面发展的基础上，以习近平同志为核心的党中央进一步强调并注重对我国经济社会发展进行系统谋划，即以系统为基础作出战略谋划。习近平总书记指出：“党的十一届三中全会是划时代的，开启了改革开放和社会主义现代化建设历史新时期。党的十八届三中全会也是划时代的，开启了全面深化改革、系统整体设计推进改革的新时代，开创了我国改革开放全新局面。”[①]这里所讲的全面深化改革之所以是划时代的，就在于它具有转折性、全局性、根本性、长远性、战略性，需要从战略上进行“系统整体设计”。其中蕴含的就是系统性、战略性、辩证性。这种以系统为基础作出的整体设计或战略谋划，是哲学上的谋划，是哲学问题，具有哲学意蕴。它首先要抓住影响新时代我国发展起来以后影响或决定使大国成为强国的所有根本要素；再对所有根本要素进行系统性、整体性顶层设计；在顶层设计的基础上，进一步对这些根本要素的系统性、整体性进行战略谋划，使之形成合理的结构并能发挥合力作用，从而解决好改革开放和社会主义现代化建设“由何而来”“现在何处”“走向何方”这一“中国向何处去”所蕴含的根本性、系统性、全局性、长远性、战略性问题。习近平总书记强调：“理论思维的起点决定着理论创新的结果。理论创新只能从问题开始。从某种意义上说，理论创新的过程就是发现问

① 中共中央党史和文献研究院编：《十九大以来重要文献选编》(中)，中央文献出版社2021年版，第136页。

题、筛选问题、研究问题、解决问题的过程。”[①] 因为“主要的困难不是答案，而是问题”，“问题就是时代的口号，是它表现自己精神状态的最实际的呼声”。世界上具有重大影响的著作“都是时代的产物，都是思考和研究当时当地社会突出矛盾和问题的结果”。[②] 习近平新时代中国特色社会主义思想，就是在解答上述具有哲学意义的问题的过程中形成和发展起来，进而作出原创性贡献的。

（二）在哲学范式上作出了原创性贡献

解决上述问题需要从哲学维度或层面进行，这就是以系统为基础作出战略谋划，由此便会形成“系统为基的战略辩证法”这样一种哲学范式或哲学观。习近平总书记强调：“学哲学、用哲学，是我们党的一个好传统。”[③] 学哲学、用哲学，也是我们党不断取得成功的一条经验，从中可以汲取哲学智慧的滋养，提高领导干部做好工作的看家本领。习近平治国理政善于运用哲学思维。习近平新时代中国特色社会主义思想蕴含着一种新的哲学范式，这就是“系统为基的战略辩证法”，或者说，习近平新时代中国特色社会主义思想就是基于“系统为基的战略辩证法”形成发展起来的，“系统为基的战略辩证法”构成习近平新时代中国特色社会主义思想的哲学基础。

第一，新的历史方位具有战略意蕴。习近平新时代中国特色

① 习近平：《在哲学社会科学工作座谈会上的讲话》，人民出版社 2016 年版，第 20 页。
② 习近平：《在哲学社会科学工作座谈会上的讲话》，人民出版社 2016 年版，第 21 页。
③ 习近平：《坚持历史唯物主义不断开辟当代中国马克思主义发展新境界》，《求是》2020 年第 2 期。

社会主义思想所直面的是新时代新的历史方位，这是承前启后、继往开来、在新的历史条件下继续夺取中国特色社会主义伟大胜利的时代，是决胜全面建成小康社会、进而全面建设社会主义现代化强国的时代，是全国各族人民团结奋斗、不断创造美好生活、逐步实现全体人民共同富裕的时代，是全体中华儿女勠力同心、奋力实现中华民族伟大复兴中国梦的时代，是我国日益走近世界舞台中央、不断为人类作出更大贡献的时代。不言而喻，这里所讲的“五个时代”以及夺取伟大胜利、全面建设社会主义现代化强国、创造美好生活、全体人民共同富裕、实现中华民族伟大复兴等，都具有系统性、战略性，具有战略意蕴和战略意义。不仅如此，习近平新时代中国特色社会主义思想也是在“两个大局”——实现中华民族伟大复兴战略全局、世界百年未有之大变局的时代背景下产生的。实现中华民族伟大复兴是战略全局，世界百年未有之大变局是具有战略意蕴的大变局。习近平新时代中国特色社会主义思想就是在这样的历史方位和时代背景下形成发展起来的。具有战略意蕴的历史方位和时代背景需要战略思维来系统思考，需要战略辩证法来系统谋划，需要战略定力来系统实现。

第二，解答的时代课题具有战略意义。习近平新时代中国特色社会主义思想解答的时代课题，聚焦于新时代坚持和发展中国特色社会主义、建设社会主义现代化强国、建设长期执政的马克思主义政党，由此提出了一系列原创性的治国理政新理念新思想新战略。这三个重大时代课题都属于战略性课题，需要从系统上战略上来破解。

第三，回答的根本问题属于战略性问题。习近平新时代中国特色社会主义思想主要是解决人民生活“美好不美好”、国家“强不强”、世界“和平不和平”、政党“硬不硬”、马克思主义如何具有“生机活力”五大根本问题，解决这些问题都需要运用辩证思维从系统上进行战略谋划。习近平总书记指出：“面对快速变化的世界和中国，如果墨守成规、思想僵化，没有理论创新的勇气，不能科学回答中国之问、世界之问、人民之问、时代之问，不仅党和国家事业无法继续前进，马克思主义也会失去生命力、说服力。”[1]中国之问从根本上就是解决国家“强不强”的问题，实质是为中华民族谋复兴；世界之问从根本上就是解决世界“和平不和平”的问题，实质是为世界谋大同；人民之问从根本上就是解决人民生活“美好不美好”的问题，实质是为中国人民谋幸福；时代之问从根本上就是解决党如何领导全国各族人民夺取中国特色社会主义伟大胜利的问题，实质是要首先为中国共产党谋强大；解决上述问题从根本上影响到马克思主义的生命力、说服力，其实质就是要为马克思主义谋生机。其实，中国共产党百年奋斗的五大历史意义，即从根本上改变了中国人民的前途命运，开辟了实现中华民族伟大复兴的正确道路，展示了马克思主义的强大生命力，深刻影响了世界历史进程和锻造了走在时代前列的中国共产党，就分别是解决人民生活“美好不美好”、国家“强不强”、马克思主义如何具有生机活力、世界“和平不和平”和政党“硬不硬”的根本性问题，其实质分别是为中国人

① 《习近平谈治国理政》第四卷，外文出版社 2022 年版，第 30 页。

民谋幸福、为中华民族谋复兴、为马克思主义谋生机、为世界谋大同、为中国共产党谋强大。显然，这些根本问题都是战略意义上的问题，需要运用辩证思维从系统上进行战略谋划。

第四，习近平总书记思考、谋划、解决治国理政中的系统性战略性问题，运用的主要是系统为基的战略辩证法。越是在历史重要关头，越要注重战略思维。习近平总书记强调新时代治国理政更需要运用战略思维，在讲到战略思维、创新思维、辩证思维、法治思维、底线思维时，他把战略思维放在首位，并强调大历史观，这是有深意的。

第五，习近平新时代中国特色社会主义思想具有系统性战略性特质。其中的新发展理念、“五位一体”总体布局、“四个全面”战略布局、“两步走”战略谋划、总体国家安全观、全面深化改革、推进国家治理体系和治理能力现代化、构建人类命运共同体等系列重要论述，其经济思想、法治思想、生态文明思想、强军思想、外交思想等，都坚持了系统观念，都体现战略思维，都蕴含着战略辩证法。

第六，“系统为基的战略辩证法”在习近平新时代中国特色社会主义思想中具有鲜活生动的体现。以习近平同志为核心的党中央统筹把握实现中华民族伟大复兴战略全局和世界百年未有之大变局，对关系新时代党和国家事业发展一系列具有系统性、战略性和根本性的时代课题进行深邃思考和科学判断，提出了一系列治国理政新战略。其中，统筹中华民族伟大复兴战略全局和世界百年未有之大变局，构建以国内大循环为主体、国内国际双循环相互促进的新发展格局，改革国务院机构、推进国家治理体系和治理能力现代化，打赢脱贫攻坚战、全面建成小康社会，打好关键核心技术攻坚战、提高创新链整体效能，实施区域协调发展战略，注重军队组织构架和力量体系重塑，等等，都是“系统为基的战略辩证法”的具体体现。

第七，习近平治国理政具有战略清醒、战略定力，并注重战略应对，强调决不能在根本性问题上出现颠覆性错误。在新时代，面对实现中华民族伟大复兴战略全局和世界百年未有之大变局，都需要具有系统性的战略应对。“三大时代课题”，关乎全局、长远、根本，破解时代课题也需要具有战略定力。

总体来讲，“系统为基的战略辩证法”之哲学范式（哲学观）是一种全新的哲学范式（哲学观），它以“系统”“战略”“质量”“辩证法”为核心理念。在历史时间和事物外延上，它注重由重点走向全面、由部分走向整体、由发展不平衡走向协调平衡，注重系统性；在发展空间和格局上，它注重由局部走向全局、由中国走向世界，注重战略性；在发展内涵上，它注重由外延式增长走向内涵式发展、由快速发展走向高质量发展，注重质量性；在大国成为强国历史进程中，它注重运用战略辩证法思考和谋划系列重大问题，注重辩证性。

展开来说，“系统为基的战略辩证法”之哲学范式（哲学观），指的是在系统性实践和战略性谋划中运用辩证法，在战略中有系统辩证法，在系统辩证法中有战略。

它有以下几层含义：

（1）在时间上，它跳出眼前，从长远看眼前，这是长远视野，涉及眼前和长远的辩证关系。“百年奋斗”“战略全局”“百年变局”等概念的提出，就是如此。

（2）在空间上，它跳出局部，把局部放在全局中来谋划，这是宽广视野，涉及局部和全局的辩证关系。“两个大局”“构建人类命运共同体”“共建‘一带一路’”“参与全球治理”“和平发展、合作共赢”“创造中国式现代化新道路、创造人类文明新形态”等概念和论断的提出，便是如此。

（3）在事物上，它透过现象，看到事物的本质，这是纵深视野，涉及现象和本质的辩证关系。我们提出的“三大规律”“站在历史正确一边”“掌握历史主动”，都是如此。

（4）在系统上，它跳出部分，把部分置于整体框架中进行思考和谋划，这是整体视野，涉及部分和整体的辩证关系。“实现中华民族伟大复兴”“夺取中国特色社会主义伟大胜利”“全面建成社会主义现代化强国”“贯彻新发展理念”“统筹推进‘五位一体’总体布局、协调推进‘四个全面’战略布局”“总体国家安全观”“推进国家治理体系和治理能力现代化”等，都是如此。

（5）在发展程度和水平上，它跳出粗放型和外延式发展方式，从发展质量和效益讲发展，这是格局视野，涉及数量和质量的辩证关系。我们所注重的“立足新发展阶段、贯彻新发展理念、构建新发展格局”“推动高质量发展”，就是如此。

（三）在哲学思维方式上作出了原创性贡献

习近平新时代中国特色社会主义思想及其蕴含的“系统为基的战略辩证法”具有基础性，它内在要求确立历史辩证法、实践辩证法、创新辩证法、系统辩证法和底线辩证法，或树立系统思维、战略思维、辩证思维与历史思维、实践思维、创新思维、法治思维和底线思维。

“系统为基的战略辩证法”本身就体现着系统思维、战略思维、辩证思维。习近平总书记关于“新发展理念”“全面深化改革”的重要论述，关于“两个大局”“两大布局”“新发展格局”“战略策略”“构建人类命运共同体”的重要论述，关于“社会主要矛盾和中心任务的关系”“自我革命和社会革命的关系”的重要论述，就分别体现了系统思维、战略思维、辩证思维。

“系统为基的战略辩证法”也要求树立历史思维、实践思维、创新思维、法治思维、底线思维。换言之，历史思维、实践思维、创新思维、法治思维、底线思维都以“系统为基的战略辩证法”为基础，离开“系统为基的战略辩证法”，历史思维、实践思维、创新思维、法治思维、底线思维都无法得到真正彻底的理解。历史思维，就是要树立大历史观，把“系统”“战略”“辩证法”置于大历史观中进行思考，“系统为基的战略辩证法”就是大历史观中的辩证法，它既要求尊重历史发展的客观性及其本质，又要求符合历史发展逻辑、历史必然性和历史发展规律，还要求有效化解历史发展进程中的种种矛盾和关系，缺乏历史思维的“系统为基的战略辩证法”是空洞的。习近平总书记关于“新的历史方位”“新发展阶段”“实现中华民族伟大复兴战略全局”“世界百年未有之大变局”“坚持以人民为中心的发展思想”“走在时代前列的中国共产党”等重要论述，都体现了历史思维。他关于“以中国式现代化全面推进中华民族伟大复兴”的重要论述，就是基于中国历史发展的“过去、现在和未来”，在战略实践上进行辩证思考且辩证处理各种矛盾关系而提出来的，体现了实践思维。“系统为基的战略辩证法”要求树立创新思维。辩证法在本质上是批判的、革命的，它内在要求推进创新，它是在创新中实现的，对系统作出新的战略谋划也是创新，缺乏创新就无法实现战略目标。习近平总书记关于“新发展理念”“总体国家安全观”“推进国家治理体系和治理能力现代化”等重要论述，就体现了集成创新。“系统为基的战略辩证法”要求树立法治思维，需要法治思维保证一种系统能规范地运行，保证战略能规范地实施。习近平总书记关于“法治思想”“全面深化改革”“推进国家治理体系和治理能力现代化”等重要论述，就体现了法治思维。“系统为基的战略辩证法”也要求树立底线思维，即积极主动与有效应对各种风险挑战和困难。凡属系统性的战略思维和辩证思维，都要求凡事从坏处准备，积极主动应对，努力争取最好结果；它要求树立问题意识、危机意识、效果意识和边界意识，遇事从容应对，牢牢掌握主动权。习近平总书记关于“防范风险”“伟大斗争”“总体国家安全观”“国家治理”等重要论述，就体现了底线思维。

（四）在哲学智慧上作出了原创性贡献

这一点并未引起我国理论界高度重视，也未得到专门深入的阐述。“系统为基的战略辩证法”蕴含着习近平治国理政的哲学智慧。

第一，坚持“实事求是—人民中心—知行合一”相统一。实事求是侧重于“客观”“历史”维度，人民中心侧重于“主体”“价值”维度，知行合一侧重于“实践”维度，三者是一个有机系统，具有辩证关系，也具有战略意义。运用辩证思维，对我国发展起来以后使大国成为强国进行系统性战略谋划，本质上就是实事求是地坚持历史思维的必然要求。道路决定命运。在大国成为强国即实现强起来新征程中，不走封闭僵化的老路，也不走改旗易帜的邪路，要坚定不移地走中国特色社会主义道路，这是坚持实事求是，从客观实际出发认识中国国情，把马克思主义基本原理同中国具体实际相结合、同中华优秀传统文化相结合必然得出的结论。这条道路是创造人民美好生活之路，是逐步实现全体人民共同富裕、不断促进人的全面发展之路，这是坚持以人民为中心。实事求是是中国道路的精髓和灵魂，以人民为中心是中国道路的立场和取向。只有坚持实事求是和以人民为中心的有机统一，才能达到对事物真正的“知”，而“知”的目的在于“行”。道路选择正确了，就要付诸实践，坚定不移地走下去。所以，走中国特色社会主义道路，是坚持知行合一的结果。

第二，坚持“定位—定标—定法”相统一。夺取中国特色社会主义伟大胜利，全面建成社会主义现代化强国，实现中华民族伟大复兴，首先要明确“定位”，搞清楚“我在哪里”和“从何处出发”，就是要确定好我国发展的历史方位，这是“定位”；历史方位确定之后，需要进一步确定特定历史方位中的奋斗目标，这是“定标”；目标确定之后，就要进一步选择实现目标的路径和方法，这是“定法”。中国特色社会主义进入了新时代，这是我国发展新的历史方位，这就是对我国发展起来以后的历史方位进行“定位”；新时代中国共产党的历史使命是实现中华民族伟大复兴，这实际上是“定标”；要实现中华民族伟大复兴，在理论上必须以习近平新时代中国特色社会主义思想为行动指南，在实践上要在全面建成小康社会的基础上分两步走，在21世纪中叶全面建成社会主义现代化强国，这就是“定法”。“定位”“定标”“定法”三者是一个有机系统，具有辩证关系，也具有战略意义。

第三，坚持“主要矛盾—根本问题—工作重点”相统一。社会主要矛盾是判断国情的主要依据之一，是判断一个社会整体发展状况的主要依据之一，是我们党制定路线方针政策的基本依据，是治国理政的基本遵循。社会主要矛盾蕴含习近平新时代中国特色社会主义思想所要解决的根本问题，解决这一根本问题就成为习近平新时代中国特色社会主义思想在实践上的工作重点或中心任务。习近平总书记既注重把握新时代我国的社会主要矛盾，即人民日益增长的美好生活需要和不平衡不充分的发展之间的矛盾，又注重从中确定治国理政所解决的根本问题，即人民生活“美好不美好”、国家“强不强”的问题，并把解决根本问题作为他治国理政的工作重点和中心任务。他强调：“党的百年奋斗历程告诉我们，党和人民事业能不能沿着正确方向前进，取决于我们能否准确认识和把握社会主要矛盾、确定中心任务。什么时候社会主要矛盾和中心任务判断准确，党和人民事业就顺利发展，否则党和人民事业就会遭受挫折。”[①] 主要矛盾、根本问题和工作重点是一个有机系统，具有辩证关系，也具有战略意义。

第四，坚持“动力—平衡—治理”相统一。习近平新时代中国特色社会主义思想蕴含动力、平衡、治理三种根本机制。习近平新时代中国特色社会主义思想强调坚持中国共产党领导。中国共产党既注重使中国经济社会发展具有动力与活力（解决发展不充分问题），又注重使中国经济社会发展达到平衡与和谐（解决发展不平衡问题），还注重通过对自身治理、国家治理、社会治理（解决国家治理现代化问题）等，来解决动能不足、发展失衡问题。习近平新时代中国特色社会主义思想坚持以解放和发展社会生产力、逐步实现全体人民共同富裕、不断促进人的全面发展，来实现社会主义现代化、实现中华民族伟大复兴。这一深层战略目标，主要是从我国经济社会发展的动力、平衡、治理三个根本要素着眼的。解放和发展社会生产力，内在要求解决好经济社会发展的动力问题；逐步实现全体人民共同富裕，内在要求解决好经济社会发展的平衡问题；促进人的全面发展，包括推进人的需要、人的能力、人的关系、人的个性的全面发展，而人的能力和人的个性的全面发展，要求一个国家、一个社会建立健全良好的动力机制，人的需要、人的关系的全面发展，要求一个国家、一个社会建立健全良好的平衡机制。当一个国家、社会的动力机制和平衡机制出了问题，就必须加强治理机制建设，提升国家和社会的治理能力。此外，新发展理念中的创新发展、开放发展相对

① 《习近平谈治国理政》第四卷，外文出版社 2022 年版，第 30 页。

注重解决发展动力问题；协调发展、绿色发展、共享发展则相对注重解决发展不平衡不充分问题。动力、平衡和治理是一个有机系统，具有辩证关系，也具有战略意义。

第五，坚持“发挥比较优势—补齐发展短板—打牢根本支点”相统一。在改革开放初期，我国相对注重发挥经济社会发展中的比较优势，如注重让一部分地区、一部分人先富起来，建立经济特区等。我国发展起来以后，要使大国成为强国即实现强起来，既要补齐发展短板，也要打牢大国成为强国的根本支点。习近平总书记多次强调要“强弱项、补短板”。他所讲的关于打好“三大攻坚战”“推进国家治理体系和治理能力现代化”“推动全体人民共同富裕”“促进人与自然和谐共生”等，在一定意义上，就是致力于补齐发展进程中的短板。习近平总书记提出的新发展理念，实际上就是致力于为大国成为强国提供根本支点。发挥比较优势、补齐发展短板和打牢根本支点也是一个有机系统，既具有辩证关系，也具有战略意义。

（五）在哲学理念上作出了原创性贡献

马克思曾经提出人类历史发展的“三形态”理论，即从“人的依赖”到“物的依赖”，再到生产力高度发展和人的全面发展基础上的“自由个性”。“人的依赖”，主要是前资本主义社会人的发展形态，体现为人对血缘、权力及其由此构成的共同体的依赖。“物的依赖”，主要是资本主义商品经济社会人的发展形态，体现为人对货币、资本、金钱和物质财富的依赖，即物对人的统治。“自由个性”，主要是后资本主义商品经济社会人的发展的历史形态，体现为人的全面发展和人的创新能力的自由充分发挥。

马克思在他那个时代，致力于破解资本逻辑并向人本逻辑跨越，但在实践上并未真正完成或实现。经济文化落后国家建设社会主义，由于历史发展的必然性，面临的首要问题是解放和发展社会生产力，相对注重解决社会主义建设的物质基础即“物”的问题。对此，马克思主义经典作家都有相关论述。改革开放之初，我国的情况也大致如此。

党的十八大以来，我国社会主要矛盾发生了历史性转化，由人民日益增长的物质文化需要同落后的社会生产之间的矛盾，转化为人民日益增长的美好生活需要和不平衡不充分的发展之间的矛盾。这意味着在现实和实践上，我国总体上已经解决了人的基本需要满足的问题，已经进入不断创造人民美好生活的新时代。这是超越“物的依赖”和“资本逻辑”而走向不断推进人的全面发展的时代，是人民成为国家、社会和自己命运的主人的时代，是在实践上坚持以人民为中心的时代。概言之，是坚持人民至上并彰显民本逻辑的时代。基于这样的时代，习近平总书记不仅在实践上坚持人民至上，而且从哲学上构建起了人民至上的哲学理念和哲学逻辑。这一理念和逻辑之核心内容就是：把人民当作主体，一切依靠人民；把人民当作目的，一切为了人民；让全体人民共享发展成果，在推进全体人民共同富裕上迈出实质性一步，不断推进人的全面发展；把人民当作尺度，坚持人民至上。

习近平总书记又把“人民至上”的哲学理念和逻辑运用于政

治经济学，力求超越资本主导逻辑，构建起以人民为中心、以共同富裕为目的的政治经济学；也运用于科学社会主义，破除了社会主义“失败论”。坚持人民至上，也是创造人类文明新形态的核心理念和逻辑，它能为世界人民所拥护，具有强大生命力，会逐步取代自由主义“个人至上”的理念和逻辑，进而掌握解释世界的理论话语权。不仅如此，习近平总书记围绕“人民至上”的哲学理念，还提出了“新发展理念”“促进人的全面发展”“构建人类命运共同体”“创造人类文明新形态”等哲学思想。

四、为发展 21 世纪马克思主义作出原创性贡献

“原创性贡献”，指当代中国为什么能成为发展 21 世纪马克思主义的主要理论策源地，在理论上为发展 21 世纪马克思主义作出了什么贡献，具有何种世界意义，这实质上是讨论习近平新时代中国特色社会主义思想为什么是 21 世纪马克思主义，为什么能成为 21 世纪马克思主义的理论形态。

总体来讲，基于以下原因，习近平新时代中国特色社会主义思想成为 21 世纪马克思主义核心的理论形态。

第一，中国是世界上最具典型特征的国家。中国是一个具有悠久历史的国家，一个文化文明悠久的国家，一个多民族的国家，一个人口众多的国家，一个具有强大政党的国家，一个胸怀

天下的国家。

第二，21世纪是“两个大局”交织互动的时代。实现中华民族伟大复兴战略全局必然影响着世界百年未有之大变局，世界百年未有之大变局也必会影响实现中华民族伟大复兴战略全局，二者交织互动，便使中国问题具有世界意义，使世界问题具有中国意义。习近平新时代中国特色社会主义思想，是为主动反映世界和时代发展需要而创立的，是依据对21世纪世界社会主义运动发展的深入思考而创立的，是实现中华民族伟大复兴的行动指南。

第三，扎根伟大时代的习近平新时代中国特色社会主义思想，是立足中国、放眼世界、面向未来、引领时代的科学理论体系，具有反思现代、立足中国、放眼世界、面向未来、解释世界、引领时代的本质功能。它定义并引领着新时代马克思主义中国化时代化的走向——在21世纪，持续深入推进马克思主义中国化就是发展21世纪马克思主义。它也定义并引领21世纪马克思主义的发展——它所提出的中国式现代化道路、人类文明新形态、构建人类命运共同体，使其成为21世纪马克思主义核心的理论形态，且有底气引领世界社会主义和21世纪马克思主义的发展。

（一）从实践看习近平新时代中国特色社会主义思想原创性贡献的根据

历史方位，是理解习近平新时代中国特色社会主义思想原创性贡献的逻辑起点，是第一个根据。不理清其逻辑起点，就难以真正理解其原创性贡献。《中共中央关于党的百年奋斗重大成就和历史经验的决议》第四部分阐述了中国特色社会主义新时代这一我国发展新的历史方位，这也是习近平新时代中国特色社会主义思想所处的历史方位。简要说，历史方位的核心，就是全面建成社会主义现代化强国、实现中华民族伟大复兴、为人类作出更大贡献。这是实现强起来的新的历史方位，是习近平新时代中国特色社会主义思想的逻辑起点和立论基础。

时代背景，是理解习近平新时代中国特色社会主义思想原创性贡献的第二个根据。历史方位是从纵向讲的，时代背景是从横向讲的。时代背景就是“两个大局”，其交织互动是最鲜明的时代标识。习近平新时代中国特色社会主义思想，是在迎来从富起来到强起来伟大飞跃的时代背景中创立的，是全党全国人民为实现中华民族伟大复兴而奋斗的行动指南。

时代课题，是理解习近平新时代中国特色社会主义思想原创性贡献的第三个根据。《中共中央关于党的百年奋斗重大成就和历史经验的决议》提出的“三个重大时代课题”是这一思想需要破解的新的核心论题。习近平总书记就“三个重大时代课题”提出一系列原创性的治国理政新理念新思想新战略，也为世界社会主义发展贡献了中国智慧。

社会主要矛盾蕴含习近平新时代中国特色社会主义思想所解决的根本问题，是理解其原创性贡献的第四个根据。当前，我国社会主要矛盾是人民日益增长的美好生活需要和不平衡不充分的发展之间的矛盾。这一矛盾蕴含解决人民生活“美好不美好”和国家“强不强”问题。全面建成社会主义现代化强国，需破解的根本问题是“大而不强”。当今世界面临的总问题，是世界和平发展、合作共赢诉求与霸权主义、单边主义的矛盾，需要解决的是世界“和平不和平”的问题。解决人民生活“美好不美好”、国家“强不强”、世界“和平不和平”的问题，要求中国共产党自身必须硬，这实质是解决政党“硬不硬”的问题。这样，习近平新时代中国特色社会主义思想主要是解决人民生活“美好不美好”、国家“强不强”、世界“和平不和平”、政党“硬不硬”等根本问题。习近平总书记指出：“一种理论的产生，源泉只能是丰富生动的现实生活，动力只能是解决社会矛盾和问题的现实要求。”[①]

（二）从理论阐释习近平新时代中国特色社会主义思想的原创性贡献

《中共中央关于党的百年奋斗重大成就和历史经验的决议》“纲举目张”，进一步提炼出习近平新时代中国特色社会主义思想的“十个明确”。全面来讲，习近平新时代中国特色社会主义思想的原创性贡献体现在“十个明确”之中。其中有三方面的原创性贡献可作进一步分析。

第一，明确坚持中国共产党领导。党的十八大以来，习近平新时代中国特色社会主义思想在坚持中国共产党领导上的原创性贡献体现为：（1）第一次强调把大党建设成为强党。党的十八大之前，我们党已是世界大党。习近平总书记围绕“打铁必须自身硬”，提出大就要有大的样子，力求把大党建设成强党。他强

① 《习近平谈治国理政》第三卷，外文出版社 2020 年版，第 63 页。

调要把中国共产党建设得更加坚强有力，建设成世界上最强大的政党。（2）第一次在“四个伟大”框架中阐述中国共产党领导，将其置于“进行伟大斗争、建设伟大工程、推进伟大事业、实现伟大梦想”的框架中加以认识，实现党的领导与奋斗目标、精神状态和正确道路有机统一，突出了党在实现伟大梦想中的决定性意义。（3）第一次把坚持党的集中统一领导确定为“根本制度”，要求全党增强“四个意识”，坚定“四个自信”，做到“两个维护”。（4）第一次把党的领导地位和作用提到前所未有的认识高度。强调中国共产党领导是中国特色社会主义最本质的特征，是中国特色社会主义制度的最大优势，是党和国家的根本所在、命脉所在，是全国各族人民的利益所系、命运所系，党是最高政治领导力量。（5）第一次把坚持党的全面领导和全面从严治党统一起来，强调党对自身建设的领导，突出自我革命。（6）第一次就党的政治建设进行系统阐述。从政治领导、政治能力、政治意识、政治生活、政治文化、政治生态等方面，全方位加强党的政治建设。

第二，坚持和完善社会主义基本经济制度，贯彻新发展理念，构建新发展格局，推动高质量发展。党的十八大以来，习近平总书记站在我国发展新的历史方位，为解决新的社会主要矛盾、全面建成社会主义现代化强国、实现中华民族伟大复兴，首次提出新发展理念，强调用新发展理念实现高质量发展，用高质量发展解决供给侧结构性改革问题，坚持以高质量发展为主题，以供给侧结构性改革为主线，致力于构建新发展格局，建设现代化经济体系，实行我国发展全局的一场深刻变革：推动经济发展质量变革、效率变革、动力变革，使经济迈上更高质量、更有效率、更加公平、更可持续、更为安全的发展之路。

第三，关于中国特色大国外交。党的十八大以来，习近平总书记对中国特色大国外交作出战略谋划，推进和完善全方位、多层次、立体化外交布局，推动建设新型国际关系，推动构建人类命运共同体，坚守和平、发展、公平、正义、民主、自由的全人类共同价值，引领人类进步；首次强调积极参与全球治理体系改革和建设，开创中国外交新局面，在世界大变局中开创新局。我国国际影响力、感召力、塑造力显著提升，构建人类命运共同体理念已成为引领时代潮流和人类前进方向的鲜明旗帜。其中蕴含“主主平等”的哲学理念。

（三）从历史把握习近平新时代中国特色社会主义思想原创性贡献的地位

“两个创造”蕴含的“民本逻辑”，为发展马克思主义作出原创性贡献。这在马克思主义发展史上，就是以“人本逻辑”超越“资本主导逻辑”。

近代资本主义社会呈现的是“资本现代性”，资本逻辑占主导。马克思、恩格斯的至上追求，就是超越物的依赖蕴含的“资本逻辑”，实现自由个性所彰显的“人本逻辑”。受当时历史条件限制，他们提出的未来社会理想目标未在实践上真正实现。在马克思、恩格斯以后的马克思主义发展过程中，一些社会主义国家致力于实现这一理想目标并迈出重要一步，但未把人本逻辑真正变成现实。自从马克思列宁主义传播到中国以后，以毛泽东同志为主要代表的中国共产党人解决了使中国人民站起来的问题，以邓小平同志、江泽民同志、胡锦涛同志为主要代表的中国共产党人在解放和发展社会生产力的基础上，致力于解决使中国人民富起来的问题。

党的十八大以来，中国特色社会主义进入创造人民美好生活的新时代。这是超越“物的依赖”，不断推进人的全面发展的新时代，是在实践上坚持以人民为中心的新时代。基于民本逻辑，习近平总书记建构起“人民至上”理论：在总体上，致力于解决人民日益增长的美好生活需要和不平衡不充分的发展之间的矛盾，解决人民生活“美好不美好”问题，建构“人民至上”理论的总框架。具体而言，把人民当作主体，一切依靠人民，把人民当作目的，一切为了人民，让全体人民共享发展成果，在推进人的全面发展、全体人民共同富裕上迈出实质性一步，把人民当作尺度，坚持人民至上：在经济领域，以“新发展理念”“中国特色反贫困”，致力于推动“高质量发展”“精准脱贫”“共同富裕”；在政治领域，以“发展全过程人民民主”，致力于解决民主制度建设难题，坚持人民当家作主和人民主体地位，把人民对美好生活的向往作为奋斗目标；在文化领域，以“文化强国”，致力于丰富人民精神世界、增强人民精神力量，推进人民精神生活共同富裕；在社会领域，以“人民至上、生命至上”，致力于保障和改善民生，把让人民过上好日子作为一切工作的出发点和落脚点，不断增进民生福祉，满足人民对美好生活的需要；在生态文明建设领域，基于人与自然和谐共生提出“两山”理论，把生态看作最普惠的民生福祉，致力于解决污染防治问题；在治国理政上，提出“江山就是人民、人民就是江山”，强调“人民是党执政兴国的最大底气”“把人民放在心中最高的位置”；在世界维度，以“构建人类命运共同体”致力于为人类谋进步。

强国时代蕴含的“强国逻辑”，为推进马克思主义中国化作出原创性贡献。这在马克思主义中国化历史上，就是为强国时代理解强国逻辑提供理论指引。恩格斯指出，理论思维是一种历史的产物，它在不同的时代具有完全不同的形式，同时具有完全不同的内容。马克思指出，每个时代总有属于它自己的问题，所谓问题，就是公开的、无畏的、左右一切个人的时代声音。问题就是时代的口号，是它表现自己精神状态的最实际的呼声。每个时代只能提出它能解决的问题、确定它能完成的任务。在马克思主义中国化历程中，创立并丰富、发展毛泽东思想，解决了中华民族、中国人民“站起来”的问题，毛泽东思想实现了马克思主义中国化第一次历史性飞跃。改革开放和社会主义现代化建设新时期，党面临的主要任务是，继续探索中国建设社会主义的正确道路，解放和发展社会生产力，使人民摆脱贫困、尽快富起来，创立了邓小平理论，形成了“三个代表”重要思想和科学发展观，形成了中国特色社会主义理论体系，从总体上解决了中国人民“富起来”的问题，实现了马克思主义中国化新的飞跃。

中国特色社会主义进入新时代，我国站在全面建设社会主义现代化国家、夺取新时代中国特色社会主义伟大胜利新的历史起点上，迎来了从富起来到强起来伟大飞跃的新时代，其实质就是强国时代。习近平新时代中国特色社会主义思想需破解的一个时代课题，就是全面建成社会主义现代化强国。强国时代要揭示和研究大国成为强国的强国逻辑。这一逻辑主要体现为解决关于实现强起来伟大飞跃的四大根本问题，即人民生活“美好不美好”、国家“强不强”、世界“和平不和平”、政党“硬不硬”。作为马克思主义中国化时代化最新理论成果的习近平新时代中国特色社会主义思想，实质上就是强国时代、基于强国逻辑的关于“迎来从富起来到强起来伟大飞跃”的“强国理论”，这一理论实现了马克思主义中国化时代化新的飞跃，对推进马克思主义中国化时代化作出了开创性贡献，具有划时代、里程碑意义。

（四）为发展中国特色社会主义理论作出原创性贡献

中国特色社会主义进入新时代，意味着要谱写中国特色社会主义新篇章。这是开启中国发展起来后实现强起来的新篇章。要谱写好新篇章，就必须汇聚能量，创立一种新的理论形态。习近平新时代中国特色社会主义思想，就是在集成发展中国特色社会主义理论体系基础上实现新的飞跃的一种新的理论形态。集成发展体现在以下几个方面。

第一，纵向上继承、深化和创新发展邓小平理论、“三个代表”重要思想、科学发展观。第二，横向上从哲学、政治经济学、科学社会主义方面，整合、创新发展中国特色社会主义理论体系。

哲学上，运用系统为基的战略辩证法，分析“新时代”“大变局”背景下中国特色社会主义实践一系列具有根本性、全局性、长远性与总体性的战略问题，分析一系列具有战略意义的全球性问题，提出了战略思维、创新思维、辩证思维、系统思维、法治思维和底线思维，为系统解决实现强起来这一战略问题提供了哲学基础，创新发展了中国特色社会主义理论体系。

政治经济学上，建构了“以人民为中心、以共同富裕为目的”的中国特色社会主义政治经济学。把新发展理念作为指导原则，把实施高质量发展作为主题，把推进供给侧结构性改革作为主线，把构建新发展格局作为重要抓手，坚持和完善社会主义基本经济制度，致力于解决我国经济发展方式转变、经济结构调整等重大问题，解决了效率和公平统一问题，以共同富裕超越贫富差距，发展了中国特色社会主义政治经济学。

在科学社会主义上，以“引领世界社会主义运动”开辟新时代中国特色社会主义新境界，发展了中国特色社会主义理论体系。

中国以什么贡献给世界？毛泽东说，中国应当对于人类有较大贡献。中国特色社会主义新时代是我国不断为人类作出更大贡献的时代。今天可以自信地说：当代中国从实践上为发展 21 世纪马克思主义贡献了典型“中国样本”，以习近平新时代中国特色社会主义思想为标识，从理论上为发展 21 世纪马克思主义作出原创性贡献。

五、以科学的世界观方法论认识中国式现代化

习近平总书记指出："科学的世界观和方法论是我们研究问题、解决问题的'总钥匙'。"[①] 必须坚持人民至上、必须坚持自信自立、必须坚持守正创新、必须坚持问题导向、必须坚持系统观念、必须坚持胸怀天下，是习近平新时代中国特色社会主义思想的立场观点方法的重要体现。概括提出并深入阐述中国式现代化理论，是党的二十大的一个重大理论创新。从"六个必须坚持"的视角研究和把握中国式现代化，有助于我们深化对中国式现代化的理解和认识，推动中国式现代化取得新进展新突破。

（一）必须坚持人民至上

习近平总书记指出："现代化道路最终能否走得通、行得稳，关键要看是否坚持以人民为中心。"[②] 中国式现代化与西方现代化有着本质的区别。西方现代化是以资本为中心的现代化，维护的是资本家的利益。而中国式现代化则站在人民立场上，紧紧依靠人民，始终为了人民，牢牢扎根于人民，维护人民根本利益，增进人民福祉，体现着鲜明的人民至上的政治立场和价值取向。

人民对美好生活的向往，就是中国共产党人的奋斗目标。中

① 习近平：《在二十届中央政治局第一次集体学习时的讲话》，《求是》2023 年第 2 期。
② 习近平：《携手同行现代化之路——在中国共产党与世界政党高层对话会上的主旨讲话》，人民出版社 2023 年版，第 2 页。

国式现代化的本质要求包括发展全过程人民民主、丰富人民精神世界、实现全体人民共同富裕等内容。我们着力维护和促进社会公平正义，坚持把实现人民对美好生活的向往作为现代化建设的出发点和落脚点，让现代化建设成果更多更公平惠及全体人民，不断增强人民群众的获得感、幸福感、安全感。到 2035 年，我国要实现人的全面发展、全体人民共同富裕取得更为明显的实质性进展的目标，使人民生活更加幸福美好。

我国 14 亿多人口整体迈进现代化社会，规模超过现有发达国家人口的总和，艰巨性和复杂性前所未有。党的二十大报告强调："全面建设社会主义现代化国家，必须充分发挥亿万人民的创造伟力。"[①] 人民是我们党执政的最大底气，也是现代化建设的主体。坚持党的群众路线，集中人民群众的智慧，汇聚人民群众的力量，就一定能够推动中国式现代化行稳致远。

（二）必须坚持自信自立

中国式现代化道路是党领导人民独立自主探索开辟出来的，因而体现了自立。中国式现代化能够为中国人民谋幸福、为中华民族谋复兴、为世界谋大同，因而可以做到"自信"。

推进中国式现代化从来就没有教科书，更没有现成答案。我们党始终坚持把国家和民族发展放在自己力量的基点上，坚持独立自主，把握历史主动，推动实现全体人民共同富裕，推动物质文明和精神文明协调发展，促进人与自然和谐共生，坚持走和平

① 《习近平著作选读》第一卷，人民出版社 2023 年版，第 57 页。

发展道路，打破了只有遵循资本主义现代化模式才能实现现代化的神话，让想发展、要发展的国家看到坚持走符合自身国情的发展道路是可行的。

以中国式现代化全面推进中华民族伟大复兴，既能够造福中国，也能够惠及世界。我们党领导人民不仅创造了世所罕见的经济快速发展和社会长期稳定两大奇迹，而且成功走出了中国式现代化道路，创造了人类文明新形态，打破了“现代化＝西方化”的迷思。成功实践充分表明，中国共产党能，中国特色社会主义好，中国化时代化的马克思主义行，使我们更加坚定道路自信、理论自信、制度自信、文化自信。

（三）必须坚持守正创新

我们党在推进中国式现代化进程中，始终正确把握守正和创新之间的关系。习近平总书记强调：“我们从事的是前无古人的伟大事业，守正才能不迷失方向、不犯颠覆性错误，创新才能把握时代、引领时代。”①

中国式现代化是中国共产党领导的社会主义现代化，始终坚持社会主义目标和方向。党的二十大报告提出了前进道路上必须牢牢把握的重大原则，包括坚持和加强党的全面领导、坚持中国特色社会主义道路、坚持以人民为中心的发展思想等内容。中国式现代化坚持马克思主义基本原理不动摇，坚持党的全面领导不动摇，坚持中国特色社会主义不动摇，在坚持守正中把握正确的前进方向。

① 《习近平著作选读》第一卷，人民出版社 2023 年版，第 16—17 页。

中国式现代化摒弃了西方以资本为中心的现代化、两极分化的现代化、物质主义膨胀的现代化、对外扩张掠夺的现代化老路，是人口规模巨大的现代化、全体人民共同富裕的现代化、物质文明和精神文明相协调的现代化、人与自然和谐共生的现代化、走和平发展道路的现代化，初步构建了中国式现代化的理论体系，为发展中国家走向现代化提供了经验启示，为人类实现现代化提供了新的选择。此外，我们党还在注重推进国家治理体系和治理能力现代化等方面体现了创新性。

（四）必须坚持问题导向

习近平总书记指出："问题是时代的声音，回答并指导解决问题是理论的根本任务。"[①] 中国式现代化的推进和拓展，始终坚持问题导向，直面中国之问、世界之问、人民之问、时代之问。

理论的生命力在于创新，问题是理论创新的起点，也是理论创新的动力源。只有回应时代的呼声，并认真研究解决重大而紧迫的问题，才能推动理论创新。实现民族复兴和国家现代化来源于对中国历史的整体性思考，特别是对中国近现代历史经验教训的深刻总结。党的十八大以来，我们党在已有基础上继续前进，始终坚持问题导向，不断实现理论和实践上的创新突破，成功推进和拓展了中国式现代化，推动党和国家事业取得历史性成就、发生历史性变革。

中国式现代化聚焦实践中的新问题、改革发展稳定存在的深

① 《习近平著作选读》第一卷，人民出版社 2023 年版，第 17 页。

层次问题、人民群众急难愁盼问题、党的建设面临的突出问题，为中国人民谋幸福、为中华民族谋复兴；直面世界百年未有之大变局，致力于克服资本主义现代化的弊端，解决人类社会面临的共同问题，展示社会主义现代化的制度优越性，为人类谋进步、为世界谋大同。

（五）必须坚持系统观念

党的二十大对全面建成社会主义现代化强国“两步走”战略安排进行了宏观展望。习近平总书记强调：“推进中国式现代化是一个系统工程，需要统筹兼顾、系统谋划、整体推进，正确处理好一系列重大关系。”[①]

中国式现代化的五个特征是彼此相互联系的，应作为一个整体来加以理解。人口规模巨大的现代化，是理解和把握中国式现代化的现实基础和基本前提，强调的是在实现现代化问题上中国同发达国家之间在人口对比上的关系，14 亿多人口整体迈进现代化社会，关键是要实现全体人民共同富裕；全体人民共同富裕的现代化，既包括物质生活共同富裕，也包括精神生活共同富裕；物质文明和精神文明相协调的现代化，要求社会全面进步和人的全面发展；人与自然和谐共生的现代化，彰显的是人和自然的关系；走和平发展道路的现代化，突出的是中国和世界的关系。中国式现代化的本质特征，是它呈一个环环相扣、步步深入、逻辑严密的系统整体。

① 习近平：《推进中国式现代化需要处理好若干重大关系》，《求是》2023 年第 19 期。

（六）必须坚持胸怀天下

中国式现代化既基于自身国情、又借鉴各国经验，既传承历史文化、又融合现代文明，既造福中国人民、又促进世界共同发展，是我们强国建设、民族复兴的康庄大道，也是中国谋求人类进步、世界大同的必由之路。

当前，世界百年未有之大变局加速演进，世界进入新的动荡变革期，国际形势充满不稳定性、不确定性。中国式现代化走和平发展道路，超越了西方现代化的历史局限和根本弊端。中国坚持对外开放的基本国策，坚定奉行互利共赢的开放战略，不断以中国新发展为世界提供新机遇，推动建设开放型世界经济格局，更好惠及各国人民。

结语

基于中国式现代化研究21世纪马克思主义

1979年我考入郑州大学哲学系学习哲学，初步接触到马克思主义哲学。

1983年我考取吉林大学哲学系马克思主义哲学专业硕士研究生，开始系统研读哲学经典著作。马克思主义哲学能使我们用“两只眼睛”看世界，即肉眼与心眼（思想观念）、感性与理性、抽象与具象、规范与实证、真理与价值、宏观与微观、部分与整体、道与术，等等。

从吉林大学毕业后，我考入北京大学哲学系攻读哲学博士学位，专业是马克思主义哲学发展史，导师为黄楠森教授。黄楠森教授的“经典阅读”“史学研究”与严谨治学的态度、人格魅力对我影响很大。在北京大学3年，我不仅深读马克思主义经典著作，也读西方经典著作，研读马克思主义哲学发展史，较为系统地厘清了马克思主义发展的历史脉络。北京大学培育并滋养了我学术上的独立思考意识和探索精神。

在北京大学求学期间，我还到莫斯科大学做了一年访问学者，回国后就到中央党校哲学教研部工作，分配在马克思主义哲学发展史教研室，继续深入研究马克思主义发展史，进一步厘清19世纪马克思主义、20世纪马克思主义的演进逻辑。中央党校对我的影响主要体现在五个方面：系统研读经典，铺就学术之基；注重史理研究，开拓学术新篇；学习党的理论路线方针政策，理解和把握中国共产党治国理政的运作机理；深入中国现实社会，读实践这本“无字之书”，深入理解和把握当代中国发展的现实逻辑；避免浮躁，潜心并专心致志做好学术研究，注重成果质量，力出精品佳作，提出独到的学术见解。

中国特色社会主义进入新时代。2015年12月，在全国党校工作会议上，习近平总书记指出，党校要根据时代变化和实践发展，加强理论总结和理论创新，为发展21世纪马克思主义、当代中国马克思主义作出努力。作为党校的理论工作者，我开始思考研究21世纪马克思主义问题。

概述之，我的学术研究历程，大致经历了从哲学研究到人学研究，从人的能力问题哲学研究到当代中国政治哲学研究，从马克思主义整体性研究到习近平新时代中国特色社会主义思想和中国道路之哲学根基研究，直到当今注重21世纪马克思主义研究等几个阶段。这种学术研究环环相扣、步步深入、逻辑关注，构成一个严密的有机整体。

（一）为何研究21世纪马克思主义

习近平总书记提出发展21世纪马克思主义这一重大论断，

蕴含着重要的学理价值和理论意义。

一是政治建设的需要。通过“两个结合”推进理论创新，是我们党理论建设的一条基本经验。中国特色社会主义进入新时代，我们党需要继续推进马克思主义中国化时代化进而推进理论创新。这就需要我们党与时俱进地观察时代、把握时代、引领时代，开辟马克思主义中国化时代化新境界，使其达到21世纪时代发展所要求的水平，其主旨之一，就是发展21世纪马克思主义。

二是实践发展的要求。就新时代的中国而言，全面建设社会主义现代化国家、全面推进中华民族伟大复兴是新时代新征程的新实践；就21世纪的世界而言，我们要直面世界百年未有之大变局。“胸怀两个大局，做好自己的事情”，是实践发展的新要求。新时代“做好自己的事情”，就是要让创新理论植根于实践发展之中。理论创新是多方面的，就发展马克思主义而言，主要是在传承19世纪马克思主义、20世纪马克思主义的根本立场、基本原理、方法原则、价值取向、理想信念的基础上，发展21世纪马克思主义。

三是反映世界社会主义运动发展的需要。党的十九大报告提出的“三个意味着”，表明21世纪世界社会主义运动的中心已经历史性地转移到新时代的中国。世界社会主义运动的中心转移到哪里，创新发展21世纪马克思主义的生长点、发展源与中心重镇就转移到哪里。这是一个需要理论而且一定能够产生理论的时代，是一个需要思想而且一定能够产生思想的时代。因而，新时代中国共产党人和理论工作者应当义无反顾地肩负发展21世纪马克思主义的神圣职责。由此，近年我便把学术研究聚焦于21世纪马克思主义。

（二）什么是21世纪马克思主义

建构21世纪马克思主义，首先要搞清楚21世纪马克思主义是什么样的马克思主义。

21世纪马克思主义，首先是传承马克思主义基因和本质的马克思主义。它与马克思主义是“同一家族”“同一基因”，马克思主义的根本立场、基本原理、方法原则、价值取向、理想信念不能丢，否则21世纪马克思主义就不是马克思主义了。

21世纪马克思主义，本质上是关于现代化道路和人类文明进步的马克思主义。马克思主义从来都是与现代化道路和人类文明进步本质相并的。推进马克思主义中国化时代化的实践维度，从根本上就是寻求并确立中国实现现代化的正确道路，尤其是中国式现代化道路。19世纪马克思主义从根本上是致力于批判和超越“资本现代性”的逻辑，进而走向“人本逻辑”；作为20世纪马克思主义的列宁主义、毛泽东思想，本质上是探寻落后国家向社会主义过渡、采取何种道路实现社会主义现代化的问题；21世纪马克思主义理论应沿着这一根本思路，以中国式现代化全面推进中华民族伟大复兴，为人类实现现代化提供新的选择。马克思主义发展也从来与吸收人类文明发展成果本质相关。当今，我们应基于中国式现代化新道路和人类文明新形态，创新发展21世纪马克思主义。

21世纪马克思主义，是基于世界社会主义运动中心转移继续推进理论创新从而开辟新境界的马克思主义。21世纪，世界社会主义运动的中心已经历史性地转移到新时代中国，新时代中国已经成为发展21世纪马克思主义的实践发源地和理论策源地。因而，新时代中国共产党人和理论工作者应继续推进理论创新，开辟马克思主义中国化时代化新境界，创新发展21世纪马克思主义，以引领世界社会主义运动的发展。

21世纪马克思主义，是直面“两个大局”，基于“变革与重构”的世界来观察时代、把握时代、引领时代，进而聚焦新时代中国特色社会主义与资本主义的历史性变化来解答“世界向何处去”的马克思主义。21世纪马克思主义既是与中国特色社会主义彰显其世界意义和资本主义历史性变化直接相关的概念，也是与21世纪世界所发生的广泛而深刻的变革本质相关的概念。当今世界正经历百年未有之大变局，处在新的动荡变革期，不稳定不确定性日趋明显。这是一个“变革与重构”的世界。“世界向何处去”“中国怎么办”是“时代之问”。解答这一“时代之问”，涉及科学回答21世纪“中国与世界的关系”“资本主义与中国特色社会主义的关系”等一系列根本问题。这是发展21世纪马克思主义的应有之义。

21世纪马克思主义，是为解释21世纪的世界并掌握理论话语权而建构的一种科学理论体系。21世纪，世界历经百年未有之大变局，这是大发展大变革大调整的世界，它处于“新的动荡变革期”，迫切需要给出理论解释。谁能给出解释21世纪之世界的理论，谁就能掌握解释21世纪之世界的理论话语权。21世纪马克思主义就是为解释这个世界并掌握理论话语权，提供一种科学理论体系。

（三）怎样研究 21 世纪马克思主义

研究 21 世纪马克思主义，首先要搞清楚 21 世纪马克思主义的基础性问题，即思想资源、研究对象、研究方法、内在逻辑、基本内涵、核心内容、总体框架和历史地位等。

19 世纪马克思主义、20 世纪马克思主义、中国化时代化的马克思主义、习近平新时代中国特色社会主义思想，以及国内外学者相关研究成果，都是研究 21 世纪马克思主义需要厘清与总结的思想资源，应进行梳理与分析。

研究 21 世纪马克思主义，主要是研究其与 19 世纪马克思主义、20 世纪马克思主义的关系；研究其与中国式现代化、人类文明新形态、构建人类命运共同体的关系；研究其与世界社会主义运动中心转移并开辟马克思主义中国化时代化新境界的关系；研究其与“两个大局”“变革与重构”、新时代中国特色社会主义、资本主义历史性变化的关系，进而解读“世界向何处去”的“时代之问”；研究其与解释 21 世纪的世界并掌握理论话语权的关系。

方法取决于问题的本性，我们应采取大历史观与马克思主义中国化时代化的分析框架，立足中国式现代化，展开对 21 世纪马克思主义的研究；要深入研究 21 世纪马克思主义的生成逻辑、实践逻辑、世界（时代）逻辑和理论逻辑等内在逻辑；要研究21世纪马克思主义的原体性含义、关系性含义、时间性含义、空间性含义和功能性含义等基本内涵。

发展21世纪马克思主义，是继续深入推进马克思主义中国化时代化进而推进理论创新提出的一个标识性论断，是中国理论走向世界和未来的标识性符号，也是对习近平新时代中国特色社会主义思想之历史地位和世界地位的政治判定。发展21世纪马克思主义之实质，就是要持续深入推进马克思主义中国化时代化，使“中国理论”走向世界，用习近平新时代中国特色社会主义思想解释世界与观察时代、把握时代、引领时代，使习近平新时代中国特色社会主义思想成为21世纪马克思主义的核心理论形态。

研究21世纪马克思主义，不仅要注重“全面”，对其作出全面系统的思考分析；也要注重“重点”，抓住其根本问题进行深入的分析研究。中国式现代化、人类文明新形态和构建人类命运共同体，是发展21世纪马克思主义的三大基石，应立足于中国式现代化、人类文明新形态和构建人类命运共同体及其递进逻辑，深入分析研究21世纪马克思主义。

研究21世纪马克思主义，最关键的是要深究哲学根基。中国式现代化的本质特征所蕴含的哲学根基，是“主主平等”。发展21世纪马克思主义，就要把“主主平等”作为哲学根基。它超越西方式现代化：全体人民共同富裕的现代化，意味着在享受现代化成果方面是平等的，是人人都作为主体且实现普惠意义上的平等富裕；物质文明和精神文明相协调的现代化，意味着物质文明和精神文明齐头并进，在发展机会上是平等的，即“机会平等”或“发展平等”；人与自然和谐共生的现代化，意味着人与自然都是平等交换物质、信息、能量的主体，此即普惠意义上的“共生平等”；走和平发展道路的现代化，意味着世界上任何国家不论强弱大小，在主权上、机会上、规则上都应当是平等的，亦即普惠意义上的“国家平等”。显然，中国式现代化本质特征的哲学逻辑，也是“主主平等”。这样的现代化，就为人类实现现代化提供了具有光明前景的新的选择。